I0832839

# LA FILLE

DES

# PYRÉNÉES

Roman Historique,

PAR

ÉLIE BERTHET.

2

PARIS
PASSARD, LIBRAIRE-ÉDITEUR,
7, RUE DES GRANDS-AUGUSTINS.

1851

# LA FILLE DES PYRÉNÉES.

Impr. de E. Dépée, à Sceaux (Seine).

# LA FILLE

DES

# PYRÉNÉES

Roman Historique,

PAR

ÉLIE BERTHET.

2

PARIS
PASSARD, LIBRAIRE-ÉDITEUR,
7, RUE DES GRANDS-AUGUSTINS.

1851

I

## La Peyrade du Montcalm.

(*Suite.*)

Revenons maintenant à Valentin.

Le jeune homme, en proie aux plus mortelles inquiétudes, se dirigeait en toute hâte vers l'endroit d'où semblait partie l'explosion d'une arme à feu; mais il lui fallait faire un assez long détour, et dans sa précipitation il s'égara plusieurs fois. Enfin il atteignit le passage souterrain et s'empressa de le traverser. Mais plus d'une heure s'était écoulée depuis le moment où il avait entendu le coup de fusil ; il était douteux qu'il retrouvât à la même place les auteurs de cette alerte.

Au sortir du passage il examina avec un intérêt extrême toutes les parties de l'horizon. La plus complète solitude régnait autour de lui. Il eût pu se croire seul, avec les corbeaux et les aigles, dans ces déserts aériens. Cependant il finit par remarquer un individu, dont la distance ne lui permettait de distinguer ni le costume ni les traits, descendant la montagne au-dessous de lui, dans la direction de Suc.

Quel était cet homme ? Etait-ce lui qui venait de tirer un coup de feu ? La chose n'était pas impossible ; mais alors, le personnage en question devait, aussitôt après l'événement, avoir fait grande diligence, car il était déjà fort loin.

Valentin eut d'abord la pensée de se mettre à sa poursuite afin de l'interroger; mais la réflexion le retint. Cette poursuite pouvait être longue, infructueuse; il valait mieux s'assurer sans retard de ce qui s'était passé derrière les rochers du Puits-d'Enfer. Il reprit donc son premier dessein, et sans s'inquiéter davantage du rôdeur inconnu, il se mit à longer extérieurement la barrière granitique pour se rapprocher de la cascade. Après une marche pénible, il atteignit la Peyrade du Montcalm.

Ce lieu était encore plus sauvage et plus désolé qu'aucun autre de cette affreuse montagne. Il était encombré de pierrailles, débris hideux des avalanches qui tombaient des crêtes du Montcalm et venaient se briser contre l'enceinte extérieure du Puits-d'Enfer. Dans les crevasses, on eût pu trouver encore des glaçons et des amas de neige souillée. La vue était étroite et bornée, excepté du côté du pic, dont le cône majestueux semblait toucher le ciel. Sur tous les autres points on n'apercevait qu'arbustes rabougris, roches en dissolution et bouleversements. Du reste, là comme plus bas, une immobilité morne; jamais pied humain ne semblait s'être posé sur ce sol maudit.

Valentin savait cependant combien cette apparence était trompeuse; de là étaient partis certainement le coup de fusil et les cris de détresse qui étaient parvenus jusqu'à lui au Puits-d'Enfer. Il reconnaissait parfaitement, à la forme particulière de la cime, le pic dont la fille sauvage avait gravi le revers avec une agilité si surprenante; mais rien ne trahissait plus le drame sanglant qui avait eu lieu peut-être en cet endroit, une heure auparavant.

Alors il se mit à appeler de toute sa force. Il se tourna dans diverses directions, en se servant de ses deux mains disposées en forme de cornet pour renforcer sa voix.

Mille échos lui renvoyèrent ses appels en les scindant d'une manière bizarre; quand ils s'éteignirent, un funèbre silence régna de nouveau dans ces vastes solitudes.

Si Valentin n'eut pas été sûr du témoignage de ses sens, il n'eût pas poussé plus loin ses perquisitions; mais au moment où le découragement commençait à s'emparer de lui, une découverte, futile en apparence, ranima son ardeur. C'était une bourre de papier récemment brûlée et exhalant encore une forte odeur de poudre.

Il n'y avait donc plus de doute sur la place occupée par le tireur inconnu; il s'agissait seulement de savoir contre qui il pouvait avoir exercé sa funeste adresse.

Son attention se tourna d'abord vers le rocher voisin de la cascade. La pente en était encore inaccessible, mais incomparablement moins raide que le versant opposé. A l'aide de touffes d'herbes et d'arbustes qui croissaient çà et là, Valentin essaya de faire quelques pas sur cette surface dangereuse; il fut bientôt forcé de s'arrêter: il eût fallu des échelles ou des crampons de fer pour parvenir plus haut. Cependant cette tentative eut un résultat important; comme il regardait attentivement autour de lui, il aperçut une feuille d'arbre sur laquelle brillait une large goutte de sang vermeil encore et fraîchement répandu.

Valentin laissa échapper un cri de douleur.

— C'est donc vrai? On l'a tuée!

Mais la réflexion vint encore corriger ce que cette opinion contenait de trop absolu. Quel intérêt pouvait-on avoir à assassiner une femme inoffensive? et à supposer qu'un chasseur brutal, comme il s'en était trouvé déjà, l'eût frappée par inadvertance ou autrement, qu'était devenu le corps de la victime? Excepté cette goutte de sang qui semblait tombée d'une étroite corniche située aux deux tiers du rocher, rien n'annonçait qu'un meurtre eût pu être commis.

—Eh bien! dit Norbert, dussé-je périr à la peine, je pénétrerai le secret de cet inconcevable évènement. J'ai aperçu des cordes et des coins de fer dans la bergerie, je vais aller les chercher... J'implorerai l'aide du capitaine Montès, de Giuseppe, de ce bohémien lui-même, s'il le faut, et avec leur secours je gravirai ces rocs inabordables... J'en fouillerai chaque recoin;

je saurai enfin si cette malheureuse enfant a péri par un lâche et gratuit assassinat!

Cette détermination prise, il s'empressa de la mettre à exécution. Il eut peine à sortir de l'espèce de chaos au milieu duquel il était engagé; mais ni l'escarpement de la montagne ni les grosses pierres qui cédaient sous ses pas ne purent ralentir sa marche. Après avoir couru vingt fois le risque d'être écrasé par ces blocs mobiles, ou de rouler avec eux au fond du précipice, il atteignit un sol moins tourmenté et il aperçut, en tournant sur la gauche, le portique gigantesque de l'Oule-Blanche.

Il allait le franchir quand il s'entendit appeler d'une voix haletante : c'était le capitaine Montès qui gravissait l'autre revers du Montcalm.

Le chasseur avait fort piteuse mine : ses vêtements étaient souillés de terre, ses mains et son visage couverts de contusions. Sa carabine et son carnier de chasse avaient disparu. Il marchait avec peine et paraissait épuisé de fatigue.

Valentin, malgré ses préoccupations, ne put s'empêcher d'être touché des souffrances apparentes de son compagnon.

— Au nom de Dieu ! capitaine, demanda-t-il, d'où venez-vous ? vous serait-il arrivé quelque accident ?

— Oui, oui, il m'est arrivé un accident, répliqua Montès avec une sorte de gémissement ; mais, par pitié, monsieur Norbert, accordez-moi le secours de votre bras, ou je n'aurai jamais la force d'atteindre la bergerie de Giuseppe.

Valentin s'empressa de le soutenir, et ils s'acheminèrent vers l'Oule-Blanche.

— Mais enfin, reprit-il, que s'est-il passé, capitaine? qui vous a mis en si triste état? où est votre guide, le bohémien?

— Le bohémien! dit Montès, le visage pourpre d'indignation, en serrant les poings; maudit soit le moment où j'ai pris à mon service un pareil coquin! J'en suis cruellement puni, et désormais, monsieur Norbert, je partagerai votre haine contre toute cette exécrable race .. Quant à celui-ci, je le jure, il me paiera le tour qu'il m'a joué.

— Que vous a-t-il donc fait?

— Ce qu'il m'a fait? Ne le voyez-vous

pas? Il m'a dépouillé et s'est enfui avec mon bagage, en me laissant dans la plus affreuse position...

— Il vous a volé? interrompit Valentin d'un air étonné; cela est-il possible? Vous êtes évidemment plus fort que lui; vous aviez votre carabine et il était sans arme... Je ne m'explique pas...

— Attendez; vous allez juger combien j'ai été imprudent et stupide. Déjà, ce matin, j'avais eu occasion de reconnaître la scélératesse de ce drôle, et je lui avais sottement pardonné.

« Après m'avoir promené dans les endroits les plus difficiles de la montagne, il m'a conduit à un vallon aride et désolé où il m'a invité à me reposer.

« J'étais harassé; je n'avais pas pris le

temps de déjeûner avant de partir ; j'avais grand besoin d'un peu de nourriture et de repos ; je me suis donc couché épuisé à l'ombre d'une roche.

« Me voyant si abattu, le misérable m'a enlevé ma carabine et mon carnier comme pour m'en débarrasser officieusement, et, pendant que je le croyais occupé à préparer le repas, il a pris la fuite.

« Je dois avouer que peu d'instants auparavant, j'avais eu la maladresse de laisser voir au gitano une ceinture bien garnie de quadruples d'Espagne ; comme cette ceinture me gênait dans ma marche, j'avais profité d'un moment où il avait le dos tourné pour la glisser dans mon carnier ; mais il m'avait aperçu sans doute, et la tentation aura été trop forte pour lui.

« Quoi qu'il en soit, je ne suis pas homme à me laisser voler ainsi tranquillement deux fois de suite. En voyant détaler ce brigand, je me suis mis à sa poursuite ; il s'est retourné et m'a couché en joue avec ma propre carabine. Je le croyais trop lâche pour tirer : d'ailleurs j'étais furieux d'avoir été pris pour dupe ; aussi n'ai-je pas moins continué à le serrer de près. Mais n'étant pas habitué à marcher sur ce terrain tourmenté, je bronchais à chaque pas. Tout à coup le pied m'a manqué ; j'ai roulé dans un ravin, où je suis resté étourdi et presque sans connaissance.... Vous voyez les suites de ma chute!... Mon voleur a profité de cet accident pour s'échapper. Sans doute il a pu gagner la frontière d'Espagne et il mènera joyeuse vie à mes dépens. Pour moi, tout brisé et ne sachant de quel côté me diriger, j'ai erré au hasard sur la montagne, et c'est à grand'peine que j'ai pu me traîner jusqu'ici. »

Ce récit ne parut nullement invraisemblable à Valentin; il avait une aversion sans bornes pour les bohémiens, et, de leur part, aucun méfait ne lui semblait impossible. Il était donc préoccupé d'une seule chose : concilier l'aventure de Montès avec l'évènement du Puits-d'Enfer.

— L'audace de ce malfaiteur est vraiment extraordinaire, reprit-il ; cependant, capitaine, il vient peut-être de se commettre, non loin d'ici, un crime plus abominable encore.

— Un crime ! dit Montès en tressaillant ; et qui en est l'auteur ?

— Je l'ignore ; mais Dieu sans doute nous le fera connaître... Capitaine Montès, n'avez-vous pas longé le Puits-d'Enfer, il y a deux heures, avec votre guide ?

— Jeandot eût pu vous le dire ; quant à moi...

— Je croyais cependant vous avoir reconnus l'un et l'autre.

— Au fait, c'est possible... Sais-je où je suis allé, ce que j'ai vu, où j'ai passé ?

— Et n'avez-vous pas tiré un coup de carabine ?

Montès resta un instant sans répondre.

— Non, reprit-il enfin, je suis sûr de n'avoir pas déchargé mon arme une seule fois dans la matinée.

— Alors, c'est encore cet infâme bohémien qui aura tiré sur la femme sauvage et qui l'aura tuée.

— Tué la femme sauvage?

Valentin raconta ce qui venait de se passer au Puits-d'Enfer. Le capitaine l'écouta attentivement:

— C'est un malheur immense, dit-il avec émotion, et vous ne pouvez comprendre à quel point le sort de cette enfant m'intéresse... mais je veux croire encore que vos craintes sont vaines. Si un pareil crime n'était pas inutile à Jeandot, je l'accuserais sans hésiter d'en être l'auteur, car il a dû passer à l'endroit dont vous parlez pour descendre dans la plaine; mais comment supposer que cet homme ait osé, sans motifs et dans un moment où il devait craindre d'être poursuivi, assassiner cette créature inoffensive ?

— Vous ne connaissez pas cette race indigne de Parias... chez eux le mal est un instinct, comme chez la bête féroce ! Ils trouvent dans le meurtre une horrible satisfaction.

Pendant cette conversation, ils étaient arrivés à la bergerie. Giuseppe ne s'y trouvait pas, et la cabane était comme abandonnée.

Valentin offrit ses secours à Montès pour panser les meurtrissures qu'il s'était faites dans sa chute ; mais le capitaine le remercia.

— Ce n'est rien, ce n'est rien, dit-il ; je ne suis pas une petite maîtresse... un peu d'eau suffira... Je ne vous retiendrai pas longtemps, monsieur Norbet ; je me sens déjà beaucoup mieux... Je vais vous accompagner au Puits-d'Enfer, et nous rechercherons ensemble le corps de cette pauvre fille.

— Quoi ! monsieur, vous voulez, dans l'état où vous êtes...

— Je vous accompagnerais, Norbert, eussé-je un bras cassé, ce qui n'est pas heureusement... Je ne pourrai peut-être vous être d'un grand secours, mais le zèle suppléera à la force.

Valentin se repentit de s'être défié un instant d'un compagnon si dévoué et si humain.

— Capitaine Montès, reprit-il d'un ton cordial, n'écoutez pas trop les inspirations de votre bon cœur. Je crains...

— Allons, allons, ne perdons pas de temps. Vous ne me connaissez pas encore complètement, monsieur Norbert, et ce que vous appelez générosité n'est peut-être que la conscience d'un devoir sacré..... Vous saurez bientôt quel intérêt puissant j'ai dans cette affaire, car je veux me montrer confiant avec vous comme vous avez été confiant avec moi... Mais, au nom du ciel ! n'oublions pas que peut-être cette pauvre petite respire encore et que de prompts secours peuvent la sauver !

Valentin n'avait pas besoin de cette incitation, car il bouillait d'impatience ; il ne songea même pas à demander au capitaine l'explication de ses demi-mots. Il se mit à rassembler les cordages et les pitons de fer que Giuseppe tenait en réserve dans un coin de la cabane pour les circonstances de ce genre. Montès, après s'être humecté le visage et les mains avec de l'eau fraîche pour enlever la poussière et le sang qui les souillaient, avala un coup d'eau-de-vie, força le jeune homme d'en faire autant, et il annonça qu'il se sentait entièrement rétabli. Il voulut même avoir sa part du fardeau jusqu'au Puits-d'Enfer, et il se chargea des objets les moins lourds, malgré les instances de l'ingénieur.

Au moment de partir, Montès arrêtant son compagnon par le bras, lui dit d'un ton grave :

— J'ai réfléchi à l'accusation que vous avez portée contre le bohémien, monsieur Norbert, et il ne serait pas impossible qu'elle se trouvât fondée.

— Sauriez-vous, capitaine, quelque particularité de nature à la justifier?

— Peut-être... d'abord le gitano n'a pas perdu un mot de votre récit de la nuit dernière.

— Que m'importe! l'histoire de la famille de Villaréal n'est-elle pas connue de tout le pays?

— Sans doute; mais elle avait pour Jeandot Perez un intérêt particulier. Le soupçon ne vous est-il donc pas venu, comme à moi, que mon guide avait pu faire partie de la bande de Biroben-le-Maquignon?

— Que me dites-vous?

— Une vérité qui pour moi maintenant est claire comme la lumière du jour.

— Et cet homme s'est échappé! s'écria Valentin en fureur; la haine instinctive que j'éprouvais contre lui ne me trompait donc pas ? C'était un des assassins de la famille de Villaréal !... Oh ! capitaine, pourquoi ne m'avoir pas prévenu plus tôt ?

— Aujourd'hui seulement j'ai conçu des soupçons quand j'ai vu la terreur que lui inspirait votre présence. En affectant beaucoup d'assurance... je suis parvenu à lui imposer assez pour le décider à convenir du fait. Peut-être n'ai-je pas encore poussé assez loin mes investigations, mais si jamais le hasard ramenait ce scélérat sur mon chemin... Quoi qu'il en soit, l'assassinat de la femme sauvage doit commencer maintenant à vous apparaître sous son véritable aspect.

— Tout mon sang bout à la pensée que je me suis trouvé si près d'un de ces monstres, sans en faire justice... Cependant, je vous l'avoue, capitaine, je ne vois pas à mon tour quel intérêt pouvait pousser ce misérable à un nouveau forfait.

— N'avez-vous pas dit la nuit dernière qu'Antonia de Villaréal et la fille sauvage du Montcalm étaient une même personne?

— J'ai exprimé un doute à cet égard, mais je n'ai pu présenter ce doute comme une certitude, car même en ce moment, après une seconde entrevue avec cette infortunée, je n'oserais rien affirmer.

— Ce doute suffit pour décider un pareil coquin aux dernières extrémités... D'ailleurs, pourquoi Jeandot Perez n'aurait-il pas quelque moyen particulier de reconnaître positivement Antonia de Villaréal dans l'habitante du Puits-d'Enfer? Une circonstance mystérieuse, un signe extérieur connu de lui seul...

— Mais encore une fois, capitaine, même en admettant ces suppositions, quel motif aurait eu ce brigand de s'attaquer à une faible enfant échappée au massacre de sa famille?

— Réfléchissez donc... et si cette enfant, cette petite Antonia, qui fut poursuivie avec tant d'acharnement par un des assassins avait vu commettre le crime? si elle en connaissait les auteurs? si, quand l'usage de la langue et l'intelligence lui sera rendus, elle pouvait dénoncer les coupables?

Valentin se frappa le front.

— Oui, oui, vous m'ouvrez les yeux, dit-il avec désespoir; ce lâche scélérat dans sa frayeur exagérée n'y aura pas regardé de si près et aura frappé une étrangère... car ce n'est pas Antonia! Je suis cause du malheur de cette pauvre sauvage; j'ai attiré sur elle l'attention du meurtrier... sans moi elle serait encore libre et heureuse dans sa solitude!

Et il versait des larmes.

— Ne prenez pas trop au sérieux de simples soupçons; ils n'ont peut-être rien de fondé, dit Montès avec émotion; songeons plutôt à la réalité et allons à la recherche de cette femme... morte ou vivante, nous saurons enfin qui elle est.

— Et quelle qu'elle soit, s'écria Valentin avec exaltation, nous la sauverons... s'il est possible de la sauver!

Ils étaient sortis de la cabane et marchaient avec ardeur. Au moment où ils approchaient de l'entrée du vallon, le bruit de plusieurs voix vint frapper leurs oreilles; presque aussitôt quatre hommes, tournant l'angle du rocher, se montrèrent à quelque distance.

De ces quatre personnes, deux étaient de robustes montagnards chargés de bagages et de provisions. Devant eux marchaient l'aubergiste de Suc chez lequel Valentin et Montès avaient logé deux jours auparavant, et le bohémien Jeandot Perez, qu'on ne devait guère s'attendre à revoir à l'Oule-Blanche en ce moment.

A la vérité, le gitano ne semblait nullement y revenir de son plein gré, car il était prisonnier au milieu des trois autres hommes. L'aubergiste surtout surveillait ses mouvements avec une attention particulière et le menaçait fréquemment de la carabine du capitaine Montès dont il s'était emparé. Perez estimait trop la vie pour ne pas tenir compte de ces démonstrations ; il suivait donc les autres sans résistance et affectait même un air d'insouciance et de tranquillité.

A sa vue, Norbert et Montès pâlirent.

— Il s'est donc laissé prendre ? murmura le capitaine.

Valentin jeta son fardeau et courut au devant des voyageurs.

— Voilà l'assassin ! s'écria-t-il ; Dieu n'a pas voulu que son crime restât longtemps impuni ! Malgré l'horreur qu'il m'inspire, je saurai bien lui arracher la vérité.

Montès parut pendant quelques secondes en proie à une extrême agitation; mais presque aussitôt il rasséréna son visage et rejoignit Norbert.

## II

### L'interrogatoire.

Le bohémien, de son côté, ne semblait aucunement redouter une confrontation. Sans tenir compte de la présence de Valentin, que l'excès même de l'indignation empêchait de parler, il s'avança hardiment vers son ancien maître.

— Vous allez voir, vauriens, dit-il à ses gardiens, si un honnête garçon comme moi doit être traité ainsi... Voici le senor Montès lui-même; demandez-lui s'il se plaint de son guide... Voyons, capitaine Montès, répondez: ne suis-je pas un brave homme? Vous ai-je causé quelque tort?

— Infâme! s'écria Valentin révolté de tant d'insolence, oses-tu bien, après avoir commis un meurtre...

— Paix! monsieur Norbet, interrompit le capitaine avec calme; paix, de grâce! Il est accusé; nous devons l'interroger froidement, sans l'accabler d'injures. Procédons avec méthode... Et d'abord je demanderai à ces bonnes gens comment ils ont pu avoir la pensée de ramener ici le gitano contre son gré?

— Diou biban! monsieur, la chose est fort simple, répliqua l'aubergiste; ce matin, ces deux garçons et moi nous sommes partis du village pour vous apporter chez Giuseppe vos valises et vos provisions, comme nous en étions convenu. Au pied de la montagne, nous avons aperçu tout à coup ce coquin de gitano ; il marchait rapidement et semblait vouloir se cacher, mais nous étions sur la corniche de Malateste et il n'y avait pas moyen. J'étais assez surpris de le trouver sans vous dans cet endroit, sachant que vous l'aviez engagé pour vous servir. Cependant nous allions le laisser passer tranquillement quand j'ai remarqué qu'il portait votre belle carabine rayée de Saint-Étienne et votre carnassière toute neuve. Ça m'a donné des soupçons, car les bohémiens sont sujets à caution. Je l'ai accosté, je l'ai questionné ; il a bredouillé des balivernes. Moi, je ne suis pas facile à *moucher*, voyez-vous? Il m'a paru qu'il y avait du louche dans cette affaire. Je n'ai fait ni une ni deux, j'ai empoigné le drôle, et je l'ai ramené à l'Oule-Blanche afin de tirer la chose au clair. Maintenant c'est à vous de savoir si ce sac et cette arme de prix...

— Le bon senor Montès me les a donnés, interrompit le bohémien avec une grande assurance; ah! c'est un fier maître, le capitaine, et joliment généreux!... Voyant que le sac et la carabine étaient de mon goût, il m'a dit rondement : « Garde-les... ils sont à toi! » N'est-ce pas, capitaine Montès, vous m'avez dit cela?

— Comment! tu oses encore soutenir ce mensonge en présence de ces honorables messieurs ? reprit l'aubergiste, et tu crois qu'on se laissera prendre à cette *couleur* ?.. Le capitaine t'a donné le sac, fort bien ; mais par saint Michel ! malgré sa générosité, il n'a pu te donner ce qui est dedans.

Et il tirait du carnier dont il était porteur une ceinture de cuir contenant une somme assez considérable.

— Cette ceinture est à moi ! s'écria Jeandot avec la même persévérance naïve ; elle contient mes économies. Je suis un commerçant, moi ; j'ai des papiers... j'ai gagné de l'argent dans les foires, et tout mon magot est là... Mais voyons, mon bon senor, ajouta-t-il en souriant et en se retournant vers Montès, dites-leur donc que ce sac, la carabine, les quadruples, tout m'appartient légitimement !

Le capitaine, impassible jusqu'à ce moment le foudroya d'un regard.

— L'audace de cet homme me confond, dit-il à Norbert ; il a dû longuement pratiquer le crime pour persister avec une pareille effronterie dans un système de défense aussi absurde. Je lui ai pardonné ce matin un méfait moins grave, et il compte de nouveau sur mon indulgence ; il s'est trompé... Je vous remercie, mes amis, ajouta-t-il en s'adressant aux montagnards, d'avoir arrêté ce voleur; il faut maintenant le livrer à la justice.

Le bohémien se mit à trembler de tous ses membres, pendant qu'une grande stupéfaction se reflétait sur son visage bronzé.

— Voyez-vous ça ! quand je disais ! s'écria l'aubergiste triomphant.

— Mais ce n'est pas ! reprit Jeandot d'un ton piteux en s'adressant à son ancien maître ; vous savez bien, mon bon senor... vous m'avez promis...

Valentin, par déférence pour Montès, s'était contenu avec peine jusqu'à ce moment ; il s'écria avec impétuosité :

— Tu oses nier un vol si évident ! Eh bien ! nieras-tu aussi l'assassinat dont tu viens de te rendre coupable au Puits-d'Enfer, sur la personne de la femme sauvage du Montcalm ?

A ces mots d'assassinat et de femme sauvage, l'attention des auditeurs redoubla. L'aubergiste et ses deux garçons déposèrent leur charge à terre pour mieux écouter. Le bohémien lui-même, après avoir entendu cette accusation si nettement formulée, parut arrivé au comble de la terreur.

— Qui a dit cela ? demanda-t-il d'une voix très émue. Le senor capitaine m'accuse-t-il aussi d'avoir tué la femme sauvage ?

— C'est moi qui t'accuse ! s'écria Valentin avec force. J'ai entendu le coup ; je t'ai vu fuir un moment après, puis j'ai trouvé du sang au bas du rocher.

— Et le capitaine n'a pas cherché à me disculper ?

— Sais-je ce que tu as fait après m'avoir volé mon argent ? dit Montès brusquement.

Le bohémien baissa la tête sans rien

dire. Valentin interpréta ce silence comme un aveu.

— Ainsi donc c'est toi ? reprit-il avec agitation ; tu as été assez lâche... Eh bien! réponds-moi avec franchise, et peut-être pourrai-je encore commander à la colère qui me pousse à t'étrangler de mes propres mains... Où se trouvait cette malheureuse lorsque tu l'as frappée ? Est-elle morte sur le coup ? Où l'as-tu vue tomber? Parle, parle, au nom de Dieu qui doit te punir !

— Je suis innocent, répliqua Jeandot atterré ; demandez au senor Montès.

— Comment, scélérat ? voudrais-tu faire supposer...

— Les gitanos peuvent-être des scélérats quand la misère les pousse; mais il y a des messieurs, des bourgeois plus scélérats encore... Si l'on ne me soutient pas, si l'on m'abandonne ainsi, parce que j'ai eu la sottise de me jeter dans un piège, on pourra s'en repentir !

— Que veut-il dire ! s'écria le capitaine avec mépris ; il me menace, je crois !

— Je ne menace pas... Mais vous le savez mieux que personne, je ne vous ai pas volé et je n'ai pas tué la femme sauvage... Dites-le donc hautement, je vous en supplie.

— Un misérable de la bande de Biroben est bien capable d'avoir commis ce nouveau meurtre.

— Oh ! pour le coup, c'est trop fort ! s'écria le bohémien hors de lui : eh bien ! puisqu'il en est ainsi, je dirai, moi, la vérité... C'est le capitaine Montès qui a tiré sur la femme sauvage ; puis il m'a donné sa carabine et son argent en m'intimant l'ordre de fuir au plus vite. Je ne m'expliquais pas d'abord ses libéralités; mais je les comprends maintenant... Il a voulu rejeter sur moi le crime dont il est seul coupable, et malheureusement il a réussi !

— Cette accusation semblait si absurde que l'aubergiste et les montagnards éclatèrent de rire.

— Imposteur ! s'écria Valentin hors de lui, nous supposes-tu assez insensés pour ajouter foi...

— Laissez-le se défendre librement, monsieur Norbert, interrompit Montès ; peut-être au milieu de ses grossiers mensonges, recueillerons-nous des aveux importants... Parle, Jeandot, ajouta-t-il avec calme ; ta justification, quelle qu'elle soit, ne doit pas être restreinte, et personne ne te maltraitera, parce que tu appartiens à la justice.

Le bohémien semblait épouvanté des charges accablantes qui s'élevaient contre lui.

— Je le vois bien, reprit-il avec découragement, je suis perdu... les apparences me sont contraires et si je raconte exactement ce qui s'est passé, on ne me croira pas... Je le raconterai cependant, et peut-être un jour aura-t-on la preuve de mon innocence. Écoutez-moi donc, bonnes gens, vous surtout, monsieur Norbert... vous êtes un honnête jeune homme, malgré votre haine aveugle contre les pauvres gitanos... Donc, ce matin, je l'avoue, je voulais gagner au pied avec quelques écus appartenant au capitaine...

— Vous l'entendez déjà ! dit Montès.

— Ces explications sont inutiles ! s'écria Valentin, nos instants sont précieux, et...

— Encore une fois, monsieur Norbert, je vous supplie de le laisser se disculper sans contrainte.

— Oui, oui, dit Jeandot d'un air sombre, vous vous croyez bien sûr de me faire passer pour un menteur, et vous êtes tranquille... Mais je mets ma confiance dans Notre-Dame d'Héas, si toutefois cette grande Sainte-Vierge daigne s'occuper de moi !... Je disais donc que ce matin le capitaine Montès, en me voyant sortir, s'était mis à ma poursuite. D'abord c'étaient des injures, des menaces; puis il a fini par se radoucir entièrement, et il m'a promis, si je voulais lui obéir avec ponctualité, sans demander d'explications, de me rendre riche pour toute ma vie; alors il m'a ordonné de le conduire le plus près possible du Puits-d'Enfer, à un endroit où je supposais que pouvait passer la femme sauvage.

« J'ai obéi. Arrivés à la Peyrade, je ne pensais pas que nous eussions la chance de rencontrer de sitôt la dame en question; nous nous sommes assis derrière une roche pour l'attendre, et je me suis endormi. J'ai été réveillé par un coup de carabine parti tout près de moi, et suivi aussitôt de cris perçants... En une seconde j'ai été debout... Le capitaine venait de tirer sur un objet qui s'agitait en haut du rocher ; il se baissait pour mieux voir à travers la fumée... J'ai regardé dans la même direction, et j'ai aperçu une créature bizarre avec de longs cheveux et une espèce de vêtement rouge ; j'ai reconnu la femme sauvage du Montcalm. Elle bondissait comme une chèvre, mais elle chancelait et paraissait blessée. Tout-à-coup elle est tombée dans une espèce de crevasse et je ne l'ai plus vue. »

— Elle était morte ? demanda Valentin haletant.

— Cela ne serait pas impossible... c'est même probable... mais je n'ai pas eu le temps de faire d'autres observations. J'étais encore tout abasourdi de cette aventure, quand le senor Montès s'est approché de moi. Il paraissait aussi calme que s'il venait de tirer sur une perdrix blanche; il souriait : « Voici le moment de gagner ton argent, m'a-t-il dit presque à voix basse ; ce coup de fusil va certainement attirer ici M. Norbert, que j'ai entendu tout à l'heure, là, derrière les rochers... Il nous a servi de rabatteur de gibier. Prends ceci et sauve-toi... il faut que ce soir tu aies passé la frontière d'Espagne. Oublie ce que tu as vu et ne remets jamais les pieds en France, ou tu y laisseras ta peau... » Là-dessus il m'a donné le carnier, la ceinture et la carabine fumante encore. J'étais fort embarrassé ; mais je ne pouvais empêcher une chose faite, et d'ailleurs je n'avais pas le temps de réfléchir. J'ai donc pris machinalement ce qu'on m'offrait et je suis parti pendant que le capitaine se sauvait du côté opposé. J'allais gagner la frontière, sans même songer à réclamer mon pauvre âne qui est encore à l'auberge de Suc, quand on m'a arrêté et ramené ici.

Ce récit, malgré de nombreuses invraisemblances, avait captivé fortement l'attention des auditeurs. Valentin lui-même s'était un peu éloigné de Montès par un mouvement involontaire, et en ce moment les conseils de Giuseppe lui revenaient à l'esprit.

Mais le capitaine ne paraissait nullement s'émouvoir de l'impression produite par cette accusation. Il avait ouvert une petite valise apportée par l'un des montagnards, et il feuilletait tranquillement des papiers qu'il en avait tirés.

— Capitaine Montès, reprit enfin Norbert avec un certain embarras, je ne saurais ajouter foi à ces monstrueuses calomnies ; cependant peut-être jugerez-vous convenable de me donner quelques explications...

— Ah! ah! en sommes-nous là? demanda Montès en souriant ; est-ce mon tour de subir un interrogatoire?... Monsieur Norbert, continua-t-il sans cesser d'examiner ses papiers, mon honnête guide, en nous contant cette belle histoire, a oublié seulement, comme le personnage d'une vieille comédie, de la mettre sous la garantie de son véritable nom... Or, je viens de faire une découverte qui vous éclairera complètement sur l'authenticité de cet ingénieux roman. Monsieur Norbert, le soi-disant Jeandot Perez n'est autre que Biroben lui-même, Biroben-le-Maquignon, chef des assassins de la Maison-Romaine!

Valentin poussa un cri de rage.

— Cela est faux! s'écria le gitano tremblant; cela est faux, mes bons senors, je ne suis pas Biroben... Biroben est mort depuis longtemps.

Mais sa frayeur elle-même l'accusait.

— Biroben-le-Maquignon! le fameux Biroben! dit l'aubergiste en s'avançant avec curiosité; voyons-le donc... On prétend qu'il sait prendre toutes sortes de figures et jouer toutes sortes de personnages!

— Jésus, mon Dieu ! c'est une calomnie! répéta le bohémien.

Valentin, d'abord interdit, lui sauta à la gorge et le secoua avec vigueur.

— Es-tu Biroben? demanda-t-il.

— Il essaierait vainement de le nier, reprit Montès avec assurance ; lisez, monsieur Norbert, un coup d'œil suffira.

Et il présenta au jeune homme les papiers qu'il tenait à la main.

— Qu'est-ce ceci? demanda Valentin.

— Les signalements de tous les gitanos qui composaient la bande de Biroben, à l'époque du crime, et celui de Biroben lui-même. Voyez ; la taille, les traits, tout se rapporte à ces renseignements recueillis par les magistrats... Remarquez surtout cette légère déviation de l'épaule droite que le soi-disant Jeandot Perez s'efforce vainement de dissimuler, puis cette ancienne brûlure à la lèvre inférieure...

Valentin suivait attentivement les indications du capitaine.

— Oui, oui, c'est lui, dit-il enfin avec une émotion profonde ; que Dieu soit loué! je pourrai du moins venger mes infortunés amis !... Emparons-nous de lui, ajouta-t-il en s'adressant aux montagnards, il ne faut pas qu'il nous échappe.

En un clin d'œil, Biroben-le-Maquignon fut solidement attaché avec les cordes apportées dans une autre intention.

— Non, non, il ne faut pas qu'il nous échappe, répéta Montès, en aidant lui-même à garrotter le bohémien, il nous donnera peut-être la clé de bien des secrets.

Valentin se retourna vivement vers le capitaine.

— Monsieur, dit-il avec autorité, vos actions et vos paroles sont incompréhensibles. Il n'est plus temps de rien cacher, si vous ne voulez inspirer à votre tour d'étranges soupçons. Quel intérêt prenez-vous à ces évènements ? Par quel hasard ces papiers se trouvent-ils si à propos entre vos mains, ici, dans ce lieu désert où vous êtes venu, dites-vous, pour vous récréer en chassant l'isard ? Je vous somme, au nom de l'honneur, d'avouer avec franchise...

— Mes aveux seront francs et complets comme je vous l'ai promis, monsieur Valentin, dit Montès avec simplicité, car je me reproche d'avoir gardé si longtemps un rigoureux incognito... Je suis venu sur le Montcalm dans les mêmes intentions que vous; mais ce que votre dévoûment pour la famille de Villaréal vous a fait faire, le devoir me le commandait, à moi.

— Quoi! monsieur.... Vous seriez donc?...

— En Espagne comme en France, on m'a toujours appelé le capitaine Montès; mais, depuis la mort de mon frère aîné, je peux ajouter à cette qualification modeste celle de chevalier de Villaréal... Oui, monsieur Valentin, je suis l'oncle de cette jeune Antonia que vous avez tant aimée.

Valentin manifesta une grande surprise

en entendant cette révélation ; cependant il ne fit pas un mouvement pour se rapprocher de Montès. Celui-ci remarqua cette froideur.

— Vous ne me connaissez pas, reprit-il d'un ton mélancolique, et vous n'avez eu aucune occasion d'apprécier mes sentiments pour ma famille. Vous avez quitté Gonac avec votre oncle peu de temps après la catastrophe, et moi, par un sentiment que vous comprendrez, même de la part d'un soldat, je n'ai jamais eu le courage de mettre le pied à la Maison-Romaine... Cependant, l'éloignement ne m'a fait oublier aucun de mes devoirs. Depuis cette époque, le but de ma vie a été d'obtenir vengeance pour mon frère, ma sœur, et mes neveux assassinés, de retrouver cette pauvre Antonia... si en effet elle a survécu à cette nuit de deuil et de sang.

— Ainsi donc, Monsieur, demanda Valentin vivement, vous avez cru comme moi, et en dépit de tant d'opinions contraires, que la malheureuse enfant avait pu échapper aux meurtriers ?

— Comme vous, monsieur Norbert, j'ai douté. Après avoir longuement médité sur cette lugubre affaire, j'ai conçu les mêmes espérances que vous et j'ai cherché à les réaliser par les mêmes moyens. Voilà pourquoi je suis venu au Montcalm... Je ne pouvais vivre heureux dans l'opulence quand ma nièce était en proie peut-être aux plus horribles privations.

— Ce sont là des sentiments dignes d'un

Villaréal, dit Valentin avec chaleur ; mais de grâce, Monsieur, pourquoi ne m'avoir pas appris plus tôt....

—Je n'ai fait qu'imiter votre discrétion à mon égard, répliqua Montès en souriant ; par respect pour mon sang, monsieur Valentin, devais-je me hâter de révéler l'état de dégradation auquel je supposais tombée ma nièce unique ? Je voulais que plus tard, alors qu'elle serait rendue à la société, nul ne pût lui reprocher cette douloureuse période de sa vie ; dans ce but, je croyais nécessaire de couvrir mes démarches du plus profond secret... D'ailleurs, j'en conviendrai franchement, monsieur Norbert, j'ai été un peu piqué d'abord de voir un étranger s'immiscer ainsi à des intérêts qui me touchaient de si près. Peut-être même ai-je laissé percer quelque aigreur dans mes observations de la nuit dernière... J'étais jaloux de votre dévoûment pour cette pauvre jeune fille, dernier rejeton d'une famille chère. Je mettais une sorte de point d'honneur à agir seul, afin de mériter seul la reconnaissance de ma parente après le succès.

La physionomie de Norbert s'éclaircit tout-à-fait.

— Je ne peux vous en vouloir, dit-il, d'une réserve honorable que j'ai éprouvée moi-même... Eh bien! monsieur de Villaréal, puisque nous avons ainsi une communauté d'affections, de sentiments et d'obligations, associons-nous maintenant et unissons nos efforts dans un même but... Y consentez-vous?

— De toute mon âme, répliqua le capitaine avec cordialité.

Il fut convenu que Montès et Valentin, assistés des deux montagnards, iraient sur-le-champ à la recherche de la fille sauvage, du côté de la Peyrade, tandis que l'aubergiste se chargerait de conduire Biroben à Suc. Ce parti pris, on allait se mettre en route après avoir déposé les bagages dans un creux de rocher, où l'on devait les reprendre le soir, quand l'aubergiste rappela vivement Valentin.

— Un moment, monsieur l'ingénieur! s'écria-t-il, ces arrestations et ces pourparlers m'ont fait oublier une commission dont je suis chargé pour vous...

— Qu'importe! s'écria Norbert avec impatience ; vous vous en acquitterez plus tard.

— Attendez..... attendez donc..... vous m'aviez recommandé de vous apporter ici vos lettres : en voici une très pressée, venant de Vic-d'Essos.

— Une lettre pressée de Vic-d'Essos ? Mon oncle, mon second père, serait-il malade ?

Un coup d'œil jeté sur la suscription le rassura, car il avait reconnu l'écriture de l'abbé Norbert lui-même. Il rompit le cachet ; dès les premières lignes, il fit un mouvement de surprise.

— C'est inconcevable ! murmurait-il ; mais on se trompe sans doute.

Et il se mit à relire la lettre attentivement.

Les assistants l'entouraient, bouche béante, sans oser l'interroger.

— Monsieur Norbert, demanda enfin Montès, me jugerez-vous assez votre ami pour me faire part de la nouvelle qui vous émeut à ce point?

— Oui, oui, monsieur de Villaréal, car cette nouvelle vous intéresse autant que moi-même.

— De grâce alors, de quoi s'agit-il ?

— Nous nous sommes trompés l'un et l'autre, comme nous en avions déjà le pressentiment : la femme sauvage n'est pas votre nièce !

Montès se redressa brusquement.

— C'est impossible ! répliqua-t-il ; je veux dire comment peut-on avoir la certitude...

— Mon oncle m'apprend l'arrestation à Foix d'une bohémienne de la bande de Biroben. Elle est accompagnée d'une jeune fille que l'on suppose avoir été volée dans son enfance ; l'âge de cette jeune fille, son extérieur et d'autres circonstances semblent se rapporter à Antonia de Villaréal... L'autorité a commencé une enquête ; mon oncle et moi nous sommes appelés en témoignage, et sans doute déjà on vous a adressé à Toulouse l'invitation de vous rendre aussi à Foix pour une confrontation juridique. Mais lisez, lisez vous-même.

Et il tendit la lettre au capitaine.

Elle ne contenait pas d'autres renseignements. L'abbé Norbert, après avoir exprimé brièvement à son neveu quelques regrets de son absence, le pressait de venir sur-le-champ à Foix pour aider à la découverte de la vérité dans cette ténébreuse affaire.

Villaréal, après cette lecture, resta un moment plongé dans une méditation profonde.

— Eh bien, capitaine, demanda Valentin, quel parti comptez-vous prendre ?

— Et vous, monsieur Norbert ?

— Je devrais peut-être, Monsieur, suivre les prescriptions de mon oncle, et partir immédiatement pour la ville. Mais, je ne m'en cache pas, ce retour précipité me laisserait un regret.

— Lequel ?

— Le sort de cette pauvre créature qu'on appelle la femme sauvage du Montcalm m'occupe toujours... A différents titres, je me considère comme la cause de son malheur. Je désire donc ne pas m'éloigner avant de savoir si mes secours ne lui seraient pas nécessaires.

— Quel intérêt peut-elle vous inspirer désormais? Ce n'est pas Antonia.

— Nous marchons d'incertitudes en incertitudes, Monsieur. D'ailleurs, quelle que soit la malheureuse victime de la férocité de Biroben, j'éprouve pour elle une aussi vive sympathie que je pourrais en éprouver pour Antonia elle-même!

— S'il en est ainsi, Norbert, reprit Montès, je vous laisserai accomplir seul cet acte d'humanité. Pour moi, n'ayant pas les mêmes raisons de retarder mon départ, je vais vous quitter sur-le-champ.

Nous pouvons encore gagner la plaine avant la nuit; à Suc, je prendrai un cheval; demain, dans la matinée, je serai à Foix. Je ne veux pas perdre une minute pour retrouver ma pauvre pupille, la fille de mon frère chéri.

— Partez donc, Montès, dit Valentin d'une voix émue, nous nous reverrons bientôt... Je vais passer le reste du jour en recherches, hélas! peut-être inutiles... mais demain soir je vous rejoindrai. Et si vous revoyez Antonia de Villaréal avant moi, dites-lui... mais c'est un rêve et je n'ose y croire!

L'aubergiste et les montagnards n'avaient pas compris grand'chose à ces explications; mais le bohémien les avait écoutées avec une extrême attention : il semblait occupé à classer dans son cerveau des évènements contradictoires et incohérents.

— Il est de la plus haute importance, reprit Montès en désignant le prisonnier, que cet homme soit remis au plus tôt entre les mains de l'autorité, car, dans les circonstances présentes, ses aveux, s'il se décide à en faire de sérieux, nous seront d'une grande utilité... Cependant, monsieur Valentin, si notre hôte et ses gens veulent vous assister dans vos périlleuses recherches au Puits-d'Enfer, je me charge de conduire seul ce coquin jusqu'au plus prochain village. Ses bras sont attachés, et cette corde lâche qui lui retient les jambes l'empêchera de courir sans l'empêcher de marcher. Je le surveillerai avec soin et j'aurai ma carabine toute prête. Je me fais fort de l'amener ainsi à Suc et de le remettre à la brigade de gendarmerie.

— Non, non, s'écria l'aubergiste, vous ne connaissez pas Biroben, capitaine; vous ne vous imaginez pas tout ce qu'il y a de ruses infernales dans la tête de ce gaillard... J'ai entendu plus d'une fois conter ses fredaines ; il vous échapperait certainement si vous étiez seul à le garder. J'ose dire que si je vous accompagnais, la chose lui serait moins facile, mais...

— Eh bien, pourquoi ne m'accompagnez-vous pas ? demanda Villaréal.

— Dame ! je pourrais être bien utile aussi, là-bas sur les rochers du Puits-d'Enfer, à ce bon monsieur l'ingénieur qui m'a promis de faire avancer mon neveu aux mines de Vic-d'Essos. J'ai l'habitude de ces promenades en l'air, car j'ai déniché plus d'une fois des aigles sur les pics de Fontargente ; et puis, s'il faut l'avouer, je ne serais pas fâché de voir enfin cette fameuse femme sauvage dont on parle tant... Pourquoi, monsieur, n'amèneriez-vous pas avec vous Oliba, ce grand garçon que voici? Il a le poignet solide et il vous guidera dans les meilleurs chemins.

— Soit, dit Montès, mais j'eusse très bien pu venir à bout d'un homme garrotté et désarmé...

— Partons donc! s'écria Valentin.

On se remit en marche aussitôt. Norbert, l'aubergiste et un des montagnards étaient chargés des cordes et des outils nécessaires pour l'escalade. Montès et

Oliba, qui portait la valise du capitaine, gardaient le prisonnier. Montès avait armé ostensiblement sa carabine et paraissait prêt à tuer Biroben plutôt que de le laisser fuir. Celui-ci, fort alarmé, ne faisait aucune résistance.

Les deux troupes suivirent la même direction jusqu'à la lisière de la forêt de sapins. On pressait le pas, car le soleil commençait à s'incliner vers la cime des monts, et les voyageurs ne devaient pas manquer de besogne pour le reste de la journée. Au moment de se séparer, Montès de Villaréal s'approcha de Valentin avec cordialité.

— Les circonstances ne permettent pas de longues protestations, dit-il en lui secouant la main; mais vous et moi, monsieur Norbert, nous nous entendrons désormais, je l'espère.

— Je l'espère aussi, capitaine ; pardonnez-moi mes premiers soupçons. Je vous les expliquerai plus tard, et vous n'aurez pas de peine, j'en suis convaincu, à m'en faire rougir... Au revoir donc... Demain soir, je vous retrouverai à Foix.

Ils échangèrent encore quelques protestations amicales.

— Veillez bien sur le gitano, capitaine, dit l'aubergiste, qui venait de faire à Oliba des recommandations minutieuses ; ne le perdez pas de vue..... car il a la malice du diable.

— Je le sais, dit Montès sèchement.

— Et puis, continua l'aubergiste à voix basse en désignant Oliba, ne vous fiez pas trop à ce pauvre garçon. Il est fort comme un taureau, mais simple comme un enfant.

— Vraiment!

— Comptez sur votre carabine plutôt que sur les cordes qui attachent Biroben.

— Ne craignez rien, mon brave, répliqua le capitaine avec une espèce d'impatience.

Il adressa un dernier signe d'adieu à Valentin, et il continua de descendre la montagne avec le gitano et Oliba, pendant que l'ingénieur et ses deux compagnons longeaient obliquement les rochers du Puits-d'Enfer.

## III

### Le départ.

Il était nuit close quand Valentin et les deux montagnards rentrèrent à la bergerie de l'Oule-Blanche ; leurs pénibles recherches étaient restées sans résultat.

Vainement avaient-ils gravi, au moyen de cordes et de grapins, la partie la moins ardue des rochers, ils n'avaient plus aperçu aucune trace de la femme sauvage et bientôt l'obscurité les avait forcés d'interrompre leurs dangereuses investigations.

Giuseppe était depuis longtemps de retour à l'habitation et il avait fait quelques préparatifs pour les recevoir. La paille du lit avait été retournée, les provisions apportées le jour même étaient disposées sur le bahut; deux chandelles de suif, fichées dans des écorces de bouleau, éclairaient somptueusement la cabane. Il n'adressa aucune question aux voyageurs et il ne parut pas surpris à la vue des deux nouveaux hôtes qui avaient remplacé les premiers. Cet homme singulier semblait agir et penser d'après des mobiles inconnus au reste de l'humanité ; il comprenait ou devinait tout par une espèce d'intuition que les gens du pays qualifiaient de sorcellerie. Du reste, ni l'aubergiste ni son compagnon n'eussent été en état de satisfaire sa curiosité ; la force leur manquait, ils étaient exténués. Valentin, non moins accablé, mais surtout par la souffrance morale, s'était jeté sur un siége. En allant et venant autour de lui, Giuseppe le regardait d'un air d'intérêt. Deux ou trois fois ses lèvres s'agitèrent comme s'il eût voulu lui adresser la parole, mais elles ne produisirent aucun son distinct, et le bonhomme finit par se retirer dans un coin de la cabane en branlant la tête, suivant son habitude.

Valentin, en effet, était désespéré du mauvais succès de ses dernières démarches. L'image de la fille sauvage, ensanglantée et mourante, se présentait sans cesse à son esprit. Il se reprochait d'être venu sur le Montcalm ; il se disait que sa présence avait porté malheur à cette pauvre créature. Puis il faisait de brusques retours sur lui-même et cherchait à modérer cet excès d'affliction.

— Pourquoi tant m'occuper de cette étrangère ? pensait-il ; je ne lui dois rien désormais qu'un sentiment de pitié... Si j'ai été indirectement la cause de son malheur, j'ai fait tout ce qui était humainement possible pour lui porter secours, au cas où elle en aurait encore besoin. Dans le cas contraire, elle a dû perdre sans regret une existence misérable... Sa mort sera vengée ; que puis-je de plus pour elle?... Oui, maintenant il faut l'oublier; je ne veux plus songer qu'à Antonia... Antonia de Villaréal, la fille de mon bienfaiteur, a seule droit à mon entier dévouement. Allons! il le faut; je partirai demain.

Mais, en dépit de lui-même, des larmes coulaient le long de ses joues et une douleur poignante lui étreignait le cœur.

La nuit se passa comme la précédente. Aux premières lueurs du jour Valentin fut debout. Il s'empressa d'éveiller ses deux compagnons et il les invita à tout préparer pour le départ. Giuseppe avait déjà quitté la bergerie; Valentin se mit à sa recherche. Bien qu'il ne considérât plus ce vieillard que comme une espèce de fou exalté dont l'âge et la solitude avaient troublé les idées, il désirait lui faire certaines recommandations pressantes avant de quitter le Montcalm.

Un brouillard épais cachait les immenses lointains des Pyrénées ; mais ce brouillard ne ressemblait plus aux vapeurs ondoyantes et légères qui deux jours auparavant se jouaient gracieusement dans la plaine. Il était mat, lourd, glacial. Le soleil ne se manifestait sur cette surface cotoneuse que comme une large tache jaunâtre mal formée et dénuée de rayons.

Au risque de s'égarer, Valentin allait s'engager dans ces brumes, quand de sonores beuglements partis de fort près lui firent retourner la tête.

Contre son attente les bestiaux étaient

encore dans le petit parc attenant à la cabane. Au milieu d'eux, Giuseppe, enveloppé dans sa cape et appuyé sur son bâton, semblait plongé dans cette contemplation bizarre dont les effets étaient toujours un sujet d'étonnement pour ses hôtes. Autour de lui allaient et venaient les deux énormes chiens, qui, en pareille occasion, empêchaient de l'approcher.

Valentin l'appela sans trop espérer de réponse; mais, à sa grande surprise, Giuseppe tressaillit au premier bruit et s'avança vers lui de son pas grave et cadencé.

Norbert le salua amicalement, le remercia de son hospitalité, et lui annonça son projet de quitter immédiatement le Montcalm.

— Je le sais, je le sais, interrompit Giuseppe ; il est temps en effet. Mais la pauvre fille du Puits-d'Enfer, allez-vous l'abandonner ainsi ?

— Quoi ! Giuseppe, ignorez-vous donc le triste évènement d'hier ?

— Je vous avais averti de vous défier de la *main sanglante,* dit le vieillard avec son hochement de tête ordinaire, vous n'avez pas voulu me croire...

— Non, je ne vous ai pas cru, Giuseppe, parce que vous avez refusé de me donner la raison de vos soupçons... Si, comme tout me porte à le croire, vous connaissiez déjà cet exécrable meurtrier de Biroben, vous eussiez dû me le nommer tout d'abord. Quant à l'autre personne contre qui étaient plus particulièrement dirigées vos insinuations malveillantes, c'est un homme estimable dont il m'est impossible de suspecter la loyauté, et désormais je ne souffrirai pas qu'on le calomnie sans preuves... Le chef actuel de la famille de Villaréal a droit à mes égards et à ma confiance !

Giuseppe devint pensif.

— Ainsi donc c'était bien eux ! grommela-t-il ; Dieu connaît le fond des cœurs et sait la vérité. La jeunesse est présomptueuse même dans ses bons sentiments, surtout la jeunesse des villes !

Le reste de ses paroles était inintelligible.

Valentin reprit après une pause :

— Il me reste à vous demander encore un service avant mon départ, bon père

Giuseppe, et vous ne me refuserez pas, je l'espère. Si dans vos courses errantes vous découvriez le corps de cette pauvre fille, rendez-lui les derniers devoirs et dites pour elle une prière.

— Quelle preuve avez-vous qu'elle soit morte ?

— A votre tour, auriez-vous quelque motif de penser qu'elle est encore vivante ?

— Peut-être... Jeune homme, vous ne devez pas partir, sans vous être assuré positivement si celle que vous veniez chercher ici n'a pas le plus pressant besoin de votre aide.

— Celle que je venais chercher ici ne s'y trouve pas, et des devoirs impérieux m'appellent ailleurs..... Cependant le sort de cette malheureuse inconnue, qu'on nomme la femme sauvage du Montcalm, me touche vivement, et je vous prie, si vous la rencontriez morte ou vivante...

— Ne me chargez de rien, interrompit brusquement le pâtre en se redressant.

— Et pourquoi cela, Giuseppe ?

— Je vais quitter la montagne avec vous à l'instant même... Vous le voyez, je n'ai pas conduit le troupeau au pâturage, et il attend.

— Comment! vous allez partir aussi?

— L'heure est venue... J'ai vu en rêve l'Oule-Blanche remplie de neige jusqu'au-dessus du toit de la cabane ; j'ai entendu mugir les vents d'hiver et rouler les avalanches... Les mauvais jours vont commencer... si je n'obéissais sans retard à mes rêves, mes pauvres bêtes et moi nous péririons ici... Oui, oui, il est temps, il est temps...

Et il se mit à rassembler ses bœufs avec activité.

Valentin réfléchit que le vieux pâtre avait pu deviner à certains pronostics les approches de l'hiver; il fallait donc renoncer à sa dernière espérance.

— Une fatalité poursuit cette pauvre enfant! murmura-t-il en soupirant; que Dieu ait pitié d'elle!

Et il alla rejoindre ses compagnons.

Les préparatifs de Giuseppe ne furent pas longs; il se contenta d'enfermer dans le coffre les vases de bois et les grossiers ustensiles à son usage; il plaça ses vêtements de rechange dans un bissac qu'il jeta sur son épaule ; puis il prit son bâton à la main, fit un signe de croix comme pour mettre sous la protection divine cette humble demeure qu'il ne devait peut-être plus revoir, et il sortit en fermant la porte au loquet. Aussitôt la troupe entière se mit en marche pour gagner la plaine.

L'aubergiste et son aide, chargés de quelques effets, s'avançaient les premiers; puis venait Valentin, le fusil sur l'épaule, cherchant à percer du regard la brume épaisse qui l'enveloppait. Giuseppe, qui le suivait, se retournait de temps en temps pour voir encore une fois sa cabane. Derrière lui on entendait les cloches argentines du troupeau. Les bœufs marchaient lentement et comme à regret. Ils semblaient comprendre qu'ils allaient échanger pendant plusieurs mois, le gazon parfumé, l'air pur du Montcalm pour la litière fétide, l'atmosphère humide de l'étable; leur contenance était triste et morne. A l'arrière-garde, dans le brouillard, des aboiements vigoureux retentissaient par moment, annonçant que les chiens de garde surveillaient les retardataires et gourmandaient leur paresse.

La route était facile et il n'y avait aucun danger de s'égarer avec des guides à qui toutes les parties praticables du Montcalm étaient familières. Valentin se livrait donc avec sécurité à ses réflexions, quand des exclamations poussées par les deux personnes qui formaient la tête de la caravane attirèrent son attention. Ils avaient fait halte et causaient chaleureusement avec un homme qui s'était trouvé tout-à-coup devant eux. C'était Oliba, le montagnard chargé la veille de conduire au village Montès de Villaréal et le bohémien prisonnier.

Valentin pressa le pas, impatient d'avoir des nouvelles de ces deux personnes qui, pour des causes différentes, l'intéressaient vivement. Lorsqu'il atteignit les interlocuteurs, l'aubergiste s'écriait d'un ton animé :

— Il s'est enfui ! vous avez laissé fuir ce coquin de Biroben... Ce n'est pas possible, Oliba, tu veux te moquer de nous ! *Dioü biban!* tu mériterais...

— Cela est pourtant, maître, répliqua Oliba avec timidité ; le malfaiteur nous a échappé hier au soir, avant même que nous fussions au pied de la montagne, et sans doute il aura profité de la nuit pour gagner la frontière.

— De qui parlez-vous? s'écria Valentin, vous ne voulez pas dire que cet exécrable assassin a trompé votre surveillance?... le capitaine Montès ne l'eût pas souffert.

Oliba baissa la tête.

— Ceci est vraiment inconcevable! reprit l'aubergiste; je gage que ce butor d'Oliba aura fait quelque gaucherie?

— Non pas, maître, je vous assure. Jugez-en plutôt : Nous étions arrivés à la Pierre-de-Gargantua, là-bas, sur le bord de la sapinière. Je marchais le premier avec la valise du capitaine : le bohémien, soigneusement attaché, venait sur mes talons, puis derrière lui ce monsieur Montès, la carabine au poing. Plusieurs fois ils ont échangé quelques mots à voix basse, mais je n'ai pas compris ce qu'ils se disaient. Tout à coup, j'ai entendu un cri, et j'ai vu le gitano se sauver du côté de la forêt; la corde qui attachait ses mains et celle qui retenait ses jambes pour l'empêcher de courir avaient été tranchées net, comme avec un couteau. J'ai jeté aussitôt ma valise à terre, et je me suis élancé à la poursuite de Biroben

— Et le capitaine, monsieur de Villaréal, qu'a-t-il fait? demanda Valentin.

— Plus de mal que de bien, monsieur. J'allais peut-être atteindre le brigand, quand le capitaine m'a crié : « Ne bouge pas, je saurai bien l'arrêter! » Au même instant, il a tiré un coup de carabine, et la balle a sifflé à mes oreilles. Je suis resté immobile ; quand la fumée du coup a été dissipée, je n'ai plus vu Biroben.

— Oh ! le capitaine le haïssait autant que moi ! dit Valentin, que l'amour de la vengeance rendait cruel en ce moment; et le gitano a été tué ou tout au moins blessé ?

— Ni l'un ni l'autre, monsieur ; nous avons retrouvé la balle dans le tronc d'un sapin... Sans vous offenser, vous autres messieurs de la ville, vous n'êtes pas de grands tireurs, car vraiment le coup semblait plutôt dirigé sur moi que sur Biroben.

— Et vous n'avez pas fouillé la forêt? vous n'avez pas fait de nouvelles recherches pour retrouver ce scélérat?

— Si, certainement, monsieur; mais

autant vaudrait chercher une aiguille dans une botte de foin qu'un homme dans la sapinière du Montcalm, surtout aux approches de la nuit... Nous nous sommes inutilement déchirés la figure et les mains dans les broussailles; il nous a fallu reprendre seuls le chemin du village.

Tous les voyageurs s'étaient groupés autour d'Oliba. Giuseppe lui-même avait arrêté son troupeau et s'était avancé pour écouter.

— Je m'y perds! reprit enfin l'aubergiste; c'était moi qui avais attaché les pieds et les mains de Biroben. La corde était forte, les nœuds étaient solides, et j'aurais défié ce scélérat de les briser!

— Aussi, maître, à mon avis, dit le

montagnard, les cordes n'ont-elles pas été cassées, mais coupées...

— Coupées! et qui donc aurait pu faciliter l'évasion du criminel? s'écria Valentin.

Oliba parut déconcerté par cette impétuosité.

— Je ne sais pas, monsieur, répliqua-t-il, mais ce n'est pas moi sûrement... ensuite on peut se tromper... peut-être en effet la corde n'a-t-elle pas été coupée, car enfin je n'ai rien vu, moi; je tournais le dos au prisonnier.

Norbert frappa du pied avec impatience.

— Imbécile! explique-toi donc franchement, reprit-il; voudrais-tu nous faire entendre que le capitaine Montès a pu volontairement laisser échapper le gitano ?...

— Je ne dis pas cela, monsieur... Ensuite, peut-être Biroben avait-il, suivant l'habitude des Espagnols, un couteau caché dans sa manche, et il aura trouvé moyen de le faire glisser jusqu'à sa main...

— Oui! oui! ce doit être cela! s'écria l'aubergiste ; j'aurais dû songer à le fouiller, mais on ne s'avise jamais de tout... On m'a conté tant de méchants tours de ce gueusard de Biroben !

— Eh bien! maître, vous ne savez pas encore le meilleur de ces tours! dit le montagnard d'un air de confusion ; je vous l'ai gardé pour la fin.

— Quoi donc? qu'y a-t-il encore?

— Vous vous souvenez que le gitano, l'autre soir, en arrivant à l'auberge, était monté sur son âne?

— Oui, une pauvre bête pelée et rogneuse qui ne valait pas le licou.

— Donc, hier, en rentrant tout penaud à l'auberge, je me disais : « Pardieu ! si le maître nous a échappé, il nous reste au moins la monture! » J'ai trouvé, en effet, l'âne dans l'écurie avec les bagages du gitano... un mauvais bissac qui contenait quelques haillons. « C'est bon ! ai-je pensé, nous verrons s'il viendra les chercher ! » Je me suis couché dans l'écurie, comme à l'ordinaire ; l'âne était attaché à deux pas de moi, et le bissac me servait d'oreiller...

— Eh bien ?

— Eh bien! ce matin en m'éveillant, l'âne et le bissac, tout avait disparu. Ce Biroben est le diable en personne!

L'aubergiste et le compagnon d'Oliba partirent d'un éclat de rire; mais ils se turent aussitôt par respect pour le jeune ingénieur, que cette gaîté intempestive paraissait importuner.

— Ainsi donc l'assassin s'est échappé! murmurait Valentin avec rage; le crime de la Maison-Romaine ne sera pas vengé cette fois encore! Plus d'espoir d'arracher de précieuses révélations au principal coupable. Après ce dernier meurtre, il n'osera jamais rentrer en France... Quel démon infernal s'acharne donc contre la pauvre Antonia?

— Qu'a fait le capitaine Montès après

cet évènement? continua-t-il d'un ton plus calme en s'adressant au nouveau venu; est-il déjà parti pour Foix?

— Il a couché cette nuit à Suc, répondit Oliba, enchanté d'échapper enfin aux railleries dont son maître et l'autre montagnard l'accablaient à l'envi; il s'est mis en route aujourd'hui avant le jour avec un muletier de Sentenac, en me chargeant de vous apprendre ce qui s'était passé et de vous annoncer qu'il allait vous attendre où vous savez.

— C'est bien; il me rappelle mon devoir... Allons, mes amis, ajouta Norbert d'une voix étouffée, reprenons notre route; j'ai hâte de quitter cette fatale montagne.

On obéit en silence, et la caravane

continua de descendre le versant du Montcalm.

Valentin, en proie aux plus pénibles réflexions, s'avançait machinalement le long de ces grands rochers dont la ligne tortueuse, se perdait dans le brouillard, et formait l'enceinte du Puits-d'Enfer. Tout à coup il sentit une main toucher son épaule.

— Ecoutez-moi, jeune homme, lui dit Giuseppe d'un ton moins mystérieux qu'à l'ordinaire, et répondez avec franchise. N'est-il pas vrai que votre esprit n'est pas tranquille, et qu'en quittant le Montcalm, vous sentez comme un poids sur votre conscience?

— Que ce soit par sortilége ou autrement, vous avez deviné juste, Giuseppe, je l'avoue; plus je m'éloigne de ces lieux funestes, plus je sens mon cœur se serrer... Cependant il ne me reste rien à faire ici; je n'ai négligé aucun devoir, je n'ai reculé devant aucun dévouement.

— Oui; mais vous avez cru trop facilement à de vaines apparences.

— Que voulez-vous dire, Giuseppe, au nom du ciel?

— Eh bien, puisqu'il faut l'avouer, la femme sauvage du Montcalm n'est pas morte hier, comme vous le pensiez... Avant la fin du jour, elle avait regagné sa grotte. Allez au Puits-d'Enfer, vous la trouverez.

— Vous l'avez donc vue?

— Qu'importe si je l'ai vue avec les yeux du corps ou avec ceux de l'esprit?

— Cet homme me rendra fou ! s'écria Valentin. Mais il ne sera pas dit que je me laisserai prendre à des momeries... Mes instants sont comptés, je ne dois pas m'arrêter plus longtemps ici.

— Quoi ! même si la petite là-bas était Antonia de Villaréal ?

— Elle ne l'est pas.

— En avez-vous la preuve ? Que pouvez-vous conclure de vos courtes visites à la grotte, de quelques paroles échangées avec la pauvre sauvage?

— Mais ignorez-vous que l'on a reconnu à Foix une jeune fille...

— Il n'y a là-dessous qu'une intrigue peut-être... La bonne Vierge fera briller la vérité.

L'agitation de Norbert était devenue extrême.

— Un mot, un seul! reprit-il. Prétendez-vous imputer à un pouvoir surnaturel la connaissance que vous avez de ces faits, ou bien parlez-vous d'après des suppositions et des considérations humaines? Donnez-moi une seule raison de penser que vous n'êtes ni un insensé ni un imposteur, et je suivrai aveuglément vos conseils.

Une légère rougeur colora les joues bronzées du vieillard; cependant il répliqua sans colère:

— Doutez de mon pouvoir si vous voulez, ce doute est permis, car je ne suis qu'un homme, mais tenez compte de ma prière Je vous le répète, si vous portez quelque intérêt à la fille sauvage, allez encore une fois au Puits-d'Enfer.

Giuseppe parlait d'un ton d'assurance, et Valentin ne pouvait révoquer en doute sa bonne foi. Il réfléchit que la solitude, qui parfois engendre la folie, avait peut-être modifié dans un sens particulier l'intelligence du vieux berger. N'était-il pas possible que, du haut des rochers où il passait de longues heures en observation, il eût eu connaissance de certains évènements dont, par un trait inexplicable de son caractère, il désirait faire attribuer la révélation à une faculté occulte? N'y avait-il pas autant d'orgueil que de malice dans sa prétendue sorcellerie? Ne se pouvait-il pas enfin qu'à force de vouloir paraître sorcier, il eût fini par se persuader à lui-même qu'il l'était? Ces sortes d'aberrations mentales n'ont rien d'étonnant pour ceux qui ont étudié avec soin les effets d'un isolement absolu sur certains esprits.

Cette hypothèse, il est vrai, n'éclaircissait pas complètement toutes les prétendues prédictions de Giuseppe; mais, dans le cas actuel, ses avertissements n'en méritaient pas moins une attention sérieuse.

— Eh bien! soit, dit enfin Norbert, je risquerai encore cette démarche... Fût-elle inutile sous d'autres rapports, elle servira du moins à rassurer ma conscience.

— Partons donc! dit le pâtre résolument.

— Quoi! Giuseppe, voudriez-vous m'accompagner ?

— Oui, je suis certain que je vous serai utile.

— En quoi ?

— En beaucoup de choses... J'ai mon idée... Et d'ailleurs, ajouta-t-il en élevant son bras vers le ciel brumeux, je me défie du temps.

— Je croyais que le soin de votre troupeau...

— Mes voisins se chargeront de le conduire jusqu'au village, et les chiens suffiraient seuls au besoin.

Il appela Oliba et lui confia la garde de ses bœufs; il dit aussi quelques mots aux énormes mâtins à demi sauvages qui lui obéissaient au moindre signe, et ils répondirent par des aboiements significatifs, comme s'ils eussent promis d'exécuter ses ordres. Pendant ce temps, Valentin avait prévenu l'aubergiste de son projet de rester encore quelques instants sur le Montcalm avec le vieux pâtre; il lui recommanda de n'avoir aucune inquiétude s'il ne rentrait que le soir à l'auberge; puis, laissant le montagnard tout interloqué de cette résolution subite, il rejoignit rapidement Giuseppe.

# IX

## La Tourmente.

Valentin et le berger marchaient en silence au milieu des broussailles qui hérissaient cette partie du Montcalm. De temps en temps Giuseppe observait à la dérobée le jeune homme, comme s'il eût voulu deviner où on le conduisait. En voyant Valentin s'arrêter au pied d'un roc plus élevé, plus abrupte que les autres, une vive stupéfaction se peignit sur son visage; et quand le guide, écartant quelques arbustes feuillus, lui montra l'entrée du souterrain dont il devait la découverte à un loup blessé, Giuseppe ne put retenir une exclamation de surprise.

— Vous ignoriez l'existence de ce passage? lui dit Valentin avec un sourire mélancolique; ce secret a jusqu'ici protégé la pauvre femme sauvage contre les importuns et peut-être contre ses ennemis. Promettez-moi si, en dépit de nos fatales prévisions, elle existait encore, de ne jamais indiquer à personne ce chemin du Puits-d'Enfer.

Mais le vieux pasteur ne parut pas disposé à avouer son ignorance.

— Je connais le Montcalm dans tous ses recoins, répliqua-t-il laconiquement.

Il s'interrompit pour observer avec inquiétude une espèce de duvet blanc et léger qui venait de s'arrêter sur la manche de sa cape.

— Eh bien ! qu'y a-t-il donc ? demanda avec impatience Valentin, qui craignait quelque momerie.

— Ne voyez-vous pas ?... c'est un flocon de neige...

— Eh ! qu'importe ?

— Déjà ! murmura le vieillard comme à lui-même, j'aurais dû les avertir de presser la marche du troupeau ; mais les signes de la tempête n'ont pas dû leur manquer plus qu'à nous ; ils se tiendront sur leurs gardes, et sans doute ils sont déjà bien près de la plaine...

— Par votre salut éternel! Giuseppe, reprit l'ingénieur en se glissant dans la fente de rocher, ne nous faites pas perdre un temps précieux !

Le berger regarda encore le ciel noir et bas, grommela quelques paroles inintelligibles et entra à son tour dans le passage.

Pendant le reste du trajet, jusqu'au Puits-d'Enfer, les voyageurs eussent pu recueillir à travers le feuillage serré des sapins plusieurs autres flocons de neige ; mais cet incident si alarmant pour Giuseppe était à peine remarqué de Valentin Norbert. A la vérité, tout restait calme autour d'eux ; pas un souffle d'air ne frémissait encore dans la forêt. Mais une seule nuit avait fait de cruels ravages dans le petit vallon, retraite habituelle de la fille sauvage.

La gelée avait subitement flétri les fleurs qui l'embellissaient la veille; elles pendaient inertes et décolorées sur leurs tiges noircies. L'hiver s'était abattu tout à coup sur ce point privilégié de la montagne; plus, de joyeux insectes, plus de chants d'oiseaux, plus de soleil se jouant à travers les aiguilles de roches ou frangeant de pourpre et d'or la gaze argentée de la cascade. Le Puits-d'Enfer n'était plus qu'un gouffre ténébreux, creusé par un torrent, au-dessus duquel un ciel de plomb commençait à répandre en abondance ses flocons silencieux.

Mais Valentin ne prit pas le temps d'examiner ces funestes changements ; il courut avec impatience vers le lac en appelant Antonia ; rien ne répondit à ce nom. Il pénétra dans la grotte ; la femme sauvage ne paraissait pas y être revenue depuis la veille ; tous les objets étaient à la place où il les avait laissés lors de sa dernière visite. Partout la solitude et l'abandon.

Il sortit désespéré, et il rejoignit le vieux pâtre, qui marchait lentement, examinant les localités avec un soin extrême.

— Vous vous êtes trompé, Giuseppe, lui dit-il tristement ; cette malheureuse enfant est certainement morte dans une fente de rocher, où elle deviendra la proie des loups de la montagne...

Le vieillard resta un moment sans répondre.

— Non, non, murmura-t-il enfin tout pensif; elle est blessée... elle ne saurait être loin!

Puis, se tournant vers son compagnon.

— Monsieur Norbert, nous allons tenter une dernière expérience... si elle ne réussit pas, alors seulement il n'y aura plus d'espoir.

— Que voulez-vous faire? demanda Valentin avec étonnement.

— Vous allez le savoir... Quand vous étiez enfant et quand vous jouiez avec la petite Antonia, n'avez-vous pas dit que souvent vous lui chantiez des chansons dont elle prenait plaisir à répéter les refrains?

— Oui, oui, murmura Valentin en soupirant à ce souvenir; mais pourquoi cette question?

— Et parmi ces chansons, continua le vieillard, n'en était-il pas une que vous chantiez de préférence aux autres, que l'enfant répétait le plus fréquemment et le plus volontiers?

— Il est vrai. J'avais composé moi-même une chansonnette patoise que j'avais adaptée à un air espagnol... Cette pièce, à peine rimée et telle qu'un écolier pouvait la faire, s'appelait *les Oiselets d'hiver;* c'était une plainte naïve sur le sort des pauvres petits oiseaux, qui, après avoir égayé nos jardins, au printemps, périssent de faim et de froid pendant la mauvaise saison... Antonia aimait beaucoup cette chansonnette ; elle la savait par cœur, et cependant elle me la redemandait toujours. Elle ne manquait jamais de pleurer en l'écoutant, mais elle me remerciait de ma complaisance par un sourire !

— Et... vous souvenez-vous encore de cette chanson ?

— Je m'en souviendrai toute ma vie.

— Eh bien , monsieur Norbert, chantez-la donc et d'une voix haute, pour qu'on puisse vous entendre de loin.

Cette proposition bizarre fit faire un soubresaut à Valentin.

Il craignit un moment quelque nouvelle velléité magique de Giuseppe ou même une grossière plaisanterie ; mais l'air sérieux du vieillard excluait cette dernière pensée.

D'ailleurs il était à remarquer que depuis qu'ils se trouvaient au Puits-d'Enfer, le pâtre n'avait plus ses allures mystiques d'autrefois. Soit que l'incrédulité et les railleries de Norbert lui eussent imposé, soit tout autre motif, il avait pris un ton simple, naturel, quoique ferme et résolu. Son regard, vague et indécis d'ordinaire, brillait d'intelligence.

Le jeune ingénieur réprima un premier mouvement de colère :

— A quoi bon, Giuseppe? demanda-t-il ; je ne vous comprends pas...

— Essayez toujours... Mais par la bonne Vierge d'Héas ! dépêchez-vous. D'une minute à l'autre, la tempête va se déchaîner, et alors, eussiez-vous la voix aussi forte que le tonnerre, vous ne pourriez vous faire entendre au milieu des mugissements du vent... Voyez déjà!

Et il montrait la neige qui tombait autour d'eux avec une abondance croissante.

Valentin entrevit comme un éclair lumineux la pensée de l'ingénieux vieillard.

— Ah! j'y suis enfin! s'écria-t-il en se frappant le front; comment cette idée ne m'est-elle pas venue plus tôt?...

— Essayez donc, et surtout efforcez-vous de retrouver l'accent, l'expression que vous aviez autrefois, quand vous faisiez verser des larmes à la petite Antonia... Mais attendez... Ici, votre voix serait étouffée par le bruit du torrent.

Il conduisit Valentin au pied d'un sapin rabougri, à deux pas de la grotte. De ce nouveau poste, la voix, renforcée par les roches voisines, devait s'étendre au loin du côté de la forêt, au milieu du calme momentané de la nature.

Valentin se disposait à tenter l'étrange expérience que lui avait suggérée le vieux pâtre.

— Un moment encore! dit Giuseppe avec solennité en s'acheminant vers le rocher déjà blanc de neige.

Il pria pendant quelques minutes, puis il se leva.

— Maintenant! soupira-t-il.

Le jeune homme commença son chant aussitôt.

C'était une de ces faciles compositions, en patois méridional, dont les productions de Despourrières ou de Jasmin donnent la plus belle et la plus complète idée. L'air en était doux, traînant, peut-être même un peu monotone; mais la voix de Valentin était forte, bien timbrée, et le souvenir qui se rattachait pour lui à ce chant enfantin la rendait vibrante.

Après le premier couplet, Norbert fit

une pause. Cet effort lui avait cruellement coûté ; ses yeux étaient pleins de larmes. Il promena lentement son regard autour de lui.

— Rien encore ! murmura Giuseppe avec agitation.

— Il n'est que trop vrai, Giuseppe ! vous vous êtes trompé.

— Continuez, continuez, et pensez à Antonia de Villaréal.

Ce nom rendit au jeune homme son énergie. Il reprit son chant avec plus d'accentuation et de sentiment qu'auparavant. Toute son âme avait passé dans sa voix. Le ciel brumeux, la neige muette, la nature âpre et grave ajoutaient un charme sauvage à cette poésie toute primitive.

Enfin, Norbert sentit Giuseppe lui presser vivement le bras ; il se tut et prêta l'oreille.

Dans les profondeurs de la forêt, une voix faible et plaintive s'essayait à répéter le refrain de la chanson ; on eût dit d'un de ces lutins dont les légendes allemandes peuplent les lieux déserts et qui tournent en dérision les accents humains par une imitation maladroite.

Valentin était fort ému ; son cœur battait avec violence ; il retenait son souffle. Giuseppe, au contraire, semblait triomphant.

— Elle vient ! murmura-t-il ; chantez encore... Voici le moment de la crise.

Valentin obéit.

Alors quelque chose s'agita du côté de la sapinière, et une forme vaporeuse se dessina dans l'ombre. L'apparition s'avançait pas à pas, comme entraînée vers le chanteur par une force irrésistible. Au moment où Valentin se tut de nouveau, elle s'arrêta sur la lisière de la forêt, et on reconnut la femme sauvage du Montcalm.

Rien n'était changé dans son extérieur ; seulement ses draperies étaient disposées avec moins de grâce que la veille, et son visage conservait sous le hâle une pâleur fort sensible, même à distance. Ses mouvements semblaient aussi maladifs et languissants, par opposition avec cette pétulance puérile, cette vivacité espiègle dont Valentin avait été frappé dans ses visites précédentes. Elle observait les deux hommes d'un air d'inquiétude farouche, retournant fréquemment la tête, comme si elle eût voulu rentrer dans la forêt; mais un pouvoir invisible l'enchaînait à la même place, et elle était comme ballottée par des sentiments contraires. Après avoir fait un mouvement pour fuir, on la voyait se pencher en avant pour saisir au passage les sons qui charmaient son oreille. Elle tentait gauchement de les reproduire;

mais comme elle n'y parvenait pas à son gré, elle se dépitait contre elle-même, et poussait une espèce de gémissement plein d'impatience et de douleur.

— Elle n'a pas fui en nous voyant, murmura Giuseppe avec satisfaction. Mais êtes-vous sûr, monsieur Norbert, que nulle personne au monde, excepté Antonia de Villaréal, ne connaissait la chanson des *Oiselets d'hiver?*

— Nulle autre qu'elle et ses deux malheureux frères.

— Il suffit... Votre tâche n'est pas encore finie; continuez donc, mais cette fois sans élever la voix, absolument comme au temps où vous chantiez dans le beau salon de la Maison-Romaine. . Voyez, elle-même vous en supplie!

En effet, pendant cette conversation, la solitaire semblait passer tour à tour de la prière à la menace. Tantôt elle prenait une attitude triste et caressante, tantôt elle s'irritait, frappait du pied comme une enfant gâtée à qui l'on refuse un jouet favori.

Valentin se remit à chanter sur un ton bas et contenu. A mesure que sa voix reprenait ses proportions ordinaires, l'action en semblait plus puissante sur la femme sauvage. Elle s'avançait insensiblement, et bientôt elle se trouva à quelques pas seulement du chanteur. Tout son corps frissonnait; et elle faisait entendre des sons entrecoupés, essais encore bien imparfaits de paroles humaines. Jamais Valentin n'avait vu la jeune fille de si près.

— C'est bien elle, dit-il à demi-voix en évitant tout geste capable d'effrayer la sauvage, je reconnais maintenant ces yeux noirs, cette coupe de figure hardie, cette bouche mutine; ma première pensée avait été une inspiration d'en haut! J'ai enfin retrouvé Antonia de Villaréal.

Ce nom fit tressaillir la jeune fille, elle le répéta plusieurs fois de suite avec véhémence.

— Pauvre Antonia! reprit Norbert,

avez-vous aussi reconnu votre ami d'enfance, votre cher Valentin?

— Valentin... Antonia... répéta la solitaire avec un accent qui donnait à ces deux mots seuls l'éloquence d'un long discours.

Ces deux mots semblaient en effet composer pour elle le vocabulaire de la langue humaine. Il y avait tour à tour dans sa voix, en les prononçant, de la prière, de la joie et de la terreur. Enfin son agitation devint telle que ses jambes fléchirent et qu'elle parut près de tomber en faiblesse.

En la voyant chanceler, Valentin hésitait encore à porter la main sur elle, car il n'avait pas oublié l'excessive irritabilité de cette organisation exceptionnelle. Cependant il s'élança assez vite pour la soutenir dans ses bras, lorsqu'elle s'évanouit tout à fait.

— Elle est à nous ! elle est à nous ! s'écriait-il avec ivresse.

— Prenez garde, elle est blessée ! dit Giuseppe ; c'est même pour cela que nous sommes parvenus à nous emparer d'elle... Si elle avait eu encore toute sa vigueur, nous eussions échoué peut-être.

Il écarta les grands cheveux noirs qui formaient comme un manteau à la fille sauvage et montra une plaie encore saignante à l'épaule gauche. Cette blessure ne semblait pas dangereuse, mais la pauvre enfant avait dû perdre beaucoup de sang, ce qui expliquait l'état d'épuisement où elle se trouvait.

— Voyez, dit Giuseppe en branlant la tête, celui qui a dirigé cette balle était un adroit tireur, mais il n'avait pas calculé les mouvements vifs et saccadés de cette agile personne ; il avait ajusté la poitrine et il n'a atteint que l'épaule... Eh bien! jugez de la force prodigieuse de notre prisonnière ; malgré la perte de son sang, elle n'a pas cessé depuis hier de gravir les roches, de grimper aux arbres, de franchir des fondrières comme autrefois ; l'émotion seule a pu l'abattre et la dompter.

— Si pourtant cette blessure était vraiment dangereuse ! dit Valentin avec anxiété ; dans cet affreux désert nous n'avons à espérer aucun secours...

— J'ai pansé fréquemment les blessures de nos chasseurs sur la montagne. J'essaierai de soulager cette jeune fille, en attendant les secours d'un chirurgien.

— Eh bien ! hâtez-vous, bon Giuseppe : la plaie pourrait s'envenimer, et...

Comme il parlait encore, il se fit dans le ciel, jusque-là si calme, un changement extraordinaire. Un mugissement sourd retentit semblable au roulement lointain du tonnerre ; en même temps un immense tourbillon de neige s'éleva vers le sommet de la montagne comme emporté par une force invisible.

Cependant, rien n'avait bougé encore au Puits-d'Enfer; la neige continuait de tomber en flocons larges et réguliers ; l'eau de la cascade faisait toujours entendre son bruit monotone.

— Voici le vent ! s'écria Giuseppe avec terreur. Portons cette pauvre petite à la grotte, monsieur Norbert... Allons, mettons-nous bien vite à l'abri, si nous ne voulons périr avec elle.

Valentin ne demanda pas d'explications ;

il connaissait trop bien les tempêtes des Pyrénées pour ne pas prévoir quelle effrayante perturbation se préparait, quel effet destructeur allait produire cette trombe en s'engouffrant dans la conque étroite du Puits-d'Enfer. Il saisit dans ses bras la jeune fille, toujours privée de connaissance, et s'élança avec son fardeau vers la grotte.

Au moment où il allait l'atteindre, l'ouragan éclata sur le vallon.

Le fracas de la cascade cessa tout à coup, et Valentin, levant machinalement les yeux, aperçut les eaux du torrent, sous la forme d'une écume blanche, emportées dans les airs avec des monceaux de neige, des vapeurs phosphorescentes, des tourbillons de sable, des branches de sapins, des pierres, des plantes brisées. D'instinct, le jeune homme serra la pauvre blessée contre sa poitrine, et se cramponna au sol; Giuseppe se jeta ventre à terre. Malgré ces précautions, ils se sentirent soulevés l'un et l'autre par les puis santes aspirations de la trombe.

Mais le plus fort, du péril n'était pas encore passé.

Le vent, après s'être, pour ainsi dire, surchargé de ce gigantesque fardeau, le laissa retomber brusquement: glaçons, arbustes entrelacés, neige, eau écumeuse, fragments de granit, tout s'abattit à la fois sur le Puits-d'Enfer. On entendit les arbres se briser sous cette charge terrible, les rochers se heurter en bondissant contre le flanc de la montagne, l'eau du bassin jaillir impétueusement hors de ses rives. Si les deux hommes et la jeune fille ne se fussent pas trouvés un peu abrités par une roche saillante, ils eussent été perdus sans ressources. Heureusement l'énorme masse croula principalement sur la sapinière, et ils n'eurent d'autre mal que d'être ensevelis à moitié dans le sable.

Un calme funèbre suivit cette convulsion de la nature; la tempête parut épuisée par ses violences mêmes. Le torrent seul reprit avec une force nouvelle son cours un moment suspendu, et attaqua en rugissant les obstacles qui embarrassaient son lit.

— Maintenant, maintenant ! s'écria Giuseppe, ne perdons pas une minute... la seconde rafale sera peut-être plus redoutable que la première... Venez, venez !

Ces encouragements étaient inutiles ; le jeune homme reprit Antonia dans ses bras et l'emporta vers la grotte. Giuseppe les rejoignit avec une légèreté qu'on ne devait pas attendre de son âge, et ils se trouvèrent enfin tous en sûreté dans le creux du rocher.

Il était temps ; l'orage se déchaîna de

nouveau dans le Puits-d'Enfer, qui jamais n'avait mieux mérité son nom. Les vents, descendus des cimes supérieures, s'engouffraient dans cette espèce d'entonnoir et y produisaient des bouleversements inouis. En un instant, les enfoncements s'élevaient en collines, les hauteurs semblaient se creuser en abîmes. Les formes, les aspects changeaient incessamment, suivant les caprices de la tempête. C'était un chaos, un désordre affreux, au milieu duquel les eaux du Gave, torturées sans relâche, se frayaient passage avec effort.

Mais ni Valentin ni Giuseppe ne pensaient déjà plus à l'épouvantable cataclysme du dehors. Agenouillés devant la jeune fille évanouie, ils s'occupaient de lui donner les soins qu'exigeait impérieusement son état. Giuseppe, en sa qualité de *sorcier,* avait quelques connaissances pratiques en médecine et en chirurgie ; il examina la blessure avec attention. La balle avait sillonné l'épaule, sans offenser l'os, et était ressortie par derrière ; il lava la plaie pendant que Valentin, tirant du linge de son havresac, préparait de la charpie et des compresses. Bientôt la fille sauvage fut pansée aussi bien que le permettaient les circonstances. Alors ils la portèrent avec précaution sur son lit de feuilles et s'occupèrent de la faire revenir à elle.

Giuseppe profita d'un intervalle de calme entre deux coups de vent pour aller puiser de l'eau fraîche dans une tasse de cuir : il y mêla quelques gouttes d'eau-de-vie, et composa ainsi une espèce de cordial qu'il fit glisser entre les lèvres serrées de la jeune fille. Ranimée par cette boisson fortifiante, elle s'agita sur sa couche et rouvrit enfin les yeux.

Ses protecteurs avaient beaucoup redouté ce moment. Peut-être la solitaire, en reprenant connaissance, allait-elle chercher encore à fuir. Valentin et Giuseppe se préparaient déjà à une lutte qui pouvait avoir des dangers pour tous, mais leurs craintes étaient vaines.

Soit que le sang qu'elle avait perdu eût adouci son humeur farouche, soit que l'idée du bien-être relatif qu'elle éprouvait après une nuit de souffrance, s'associât pour elle à la présence de ces hôtes nouveaux, la malade se contenta de les regarder avec de grands yeux étonnés. Elle tenta bien de se soulever, mais ce mouvement indiquait plus de surprise que d'effroi.

— Faites-lui encore une fois entendre votre voix, dit le pâtre.

Valentin obéit avec une patience que soutenait la certitude du succès. Il s'assit près de la jeune fille, et reprit ce chant naïf dont il avait éprouvé déjà l'heureuse influence.

La malade écoutait dans une sorte d'extase. Elle voulut plusieurs fois imiter ces notes si délicieuses à son oreille, mais découragée par l'impuissance de ses efforts, elle s'interrompait aussitôt. Souvent aussi un gémissement, arraché par la douleur, la forçait de s'arrêter. Enfin son attention parut se ralentir sans être lassée ; ses paupières s'appesantirent ; et, cédant à la faiblesse, elle s'endormit, le sourire sur les lèvres, comme un enfant bercé au bruit d'une chanson familière dans les bras de sa nourrice.

De peur de troubler son sommeil, Giuseppe et Valentin se retirèrent vers l'entrée de la cabane. Le jeune ingénieur était plein de confiance et de joie; il se croyait sûr d'avoir retrouvé Antonia de Villaréal, de pouvoir la rendre à la société, à la vie civilisée. Le pâtre au contraire était sombre et muet.

— Père Giuseppe, quel parti allons-nous prendre maintenant? demanda Norbert; cette pauvre créature a besoin de secours plus efficaces que ceux que nous avons pu lui donner... Il serait urgent de la transporter à Suc ou dans quelque autre endroit habité.

— En effet, répliqua le vieillard tristement, il m'a semblé qu'elle ressentait déjà des frissons de fièvre... Sa blessure, envenimée par la fatigue et les agitations, n'a pas non plus une bonne apparence...

— Eh bien! Giuseppe, ne pouvons-nous faire un brancard avec des branches de sapins? Nous placerons dessus ma chère Antonia, et nous la porterons ainsi jusqu'à la prochaine habitation.

Le berger étendit la main vers le vallon. Les arbres se tordaient et se brisaient avec fracas; la neige était roulée en masses énormes que le vent faisait voltiger en l'air et qu'il laissait retomber ensuite à grand bruit, comme si la montagne s'abîmait. La nature semblait ivre ou folle; à voir la lutte effrayante des éléments dans cette étroite enceinte de rochers, on eût cru le globe entier menacé d'une destruction prochaine.

— Par une tempête pareille, dit Giuseppe avec solennité, deux hommes, fussent-ils des géants, ne sauraient avancer de vingt pas hors d'ici sans périr.

Cette vérité était évidente pour Valentin lui-même; cependant il cherchait encore à se faire illusion.

— La tourmente passera vite, dit-il, et dès qu'elle commencera à s'apaiser...

— Nul ne peut dire combien elle durera... Et d'ailleurs, lors même qu'elle s'apaisèrait à l'instant, nous ne pourrions regagner la plaine avec une charge, si légère qu'elle fût... Les arbres sont renversés, les abîmes cachés sous la neige, les rochers déplacés... Des endroits, où nous eussions pu passer avec une complète sécurité il y a quelques heures, ne sauraient être franchis maintenant par cinquante hommes, endurcis aux fatigues et disposés à se soutenir les uns les autres.

— Allons donc! vous exagérez certainement le danger. Tous les points de la montagne n'ont pas été bouleversés comme celui-ci.

Le vieillard se pencha hors de la grotte et ramassa une poignée d'herbes sèches à demi ensevelies sous la neige.

— Voyez-vous ceci? demanda-t-il avec un sourire amer; ce sont les fougères et la paille qui vous ont servi de lit, la nuit dernière, dans ma cabane de l'Oule-Blanche... Ainsi mon rêve s'est accompli... ma bergerie a été renversée; les débris ont été dispersés par la tourmente!

— Mais alors que faire? s'écria Valentin consterné, Dieu ne m'a-t-il rendu Antonia que pour me condamner à périr avec elle?... Voyons, Giuseppe, vous avez l'expérience de ces montagnes, vous savez ce que nous pouvons craindre et espérer; quel parti faut-il prendre?

Le vieillard ne répondit pas.

— Vous ne voyez donc aucun moyen de

sortir d'ici. Nous sommes donc perdus sans ressources ?

— A Dieu ne plaise !... il nous reste encore une chance de salut.

— Laquelle ?

— Dans cette saison peu avancée, la neige, quelquefois, ne séjourne pas longtemps sur le Montcalm... A la première apparence de dégel, nous nous hâterions de gagner le village.

— Mais combien de temps devrions-nous attendre ici ?

— A supposer, ce qui serait le hasard le plus favorable, que la tempête cessât la nuit prochaine, il nous faudrait laisser passer trois ou quatre jours... Et encore, après ce délai, aurions-nous tout à craindre des avalanches.

— Trois ou quatre jours ! s'écria Valentin avec épouvante ; mais Antonia ne saurait attendre jusque-là... Ne venez-vous pas de me dire que la fièvre commençait à se déclarer ?

Giuseppe alla examiner la malade avant de répondre. Une vive rougeur colorait ses joues brunies ; son haleine était oppressée ; elle éprouvait des soubresauts convulsifs. Le vieillard secoua la tête et revint s'asseoir près de Valentin.

— Que la bonne Notre-Dame de Puycerda prenne pitié de nous ! dit-il d'un air de sombre résignation.

Mais Valentin ne voulut pas encore se soumettre à la nécessité.

— Voyons, Giuseppe, reprit-il, vous avez sans doute mal calculé nos probabilités de salut... On sait déjà au hameau de Suc dans quelle position dangereuse nous sommes ; des gens courageux se dévoueront pour venir à notre secours...

— Et comment nous trouveront-ils? deux personnes au monde connaissent seules le passage du rocher, vous et moi.

— Mais vous oubliez qu'il y a un autre chemin, à travers la forêt, celui que j'ai pris la première fois pour venir au Puits-d'Enfer?

—Et ce chemin, monsieur, nulle créature de chair et d'os ne pourra le parcourir d'ici au retour de l'été. Songez aux crevasses, aux ravins, aux pitons abruptes que vous avez dû franchir, et cela dans une saison favorable!

— C'est vrai, mon Dieu! c'est vrai! soupira Norbert en regardant le ciel avec angoisses; et cependant je tenterai quelque chose pour le salut de ma chère Antonia... Écoutez-moi, Giuseppe; ces dangers dont vous parlez ne m'effrayent pas, et je suis prêt à les affronter. Restez ici près de la malade; donnez-lui tous les soins qui sont en votre pouvoir... Pour moi, je vais me rendre à Suc ; je déciderai à force d'argent et d'instances quelques guides expérimentés à m'accompagner ici.

— Vous ne ferez pas cela, jeune homme? s'écria le pâtre avec véhémence ; non vous ne le ferez pas si vous êtes chrétien et si vous désirez que Dieu ait pitié de votre âme à l'heure de votre mort... Vous péririez infailliblement avant d'être hors de la portée de la voix ; vous tomberiez dans quelque abîme où vous seriez saisi par le froid. Je suis aussi sûr de ce malheur que de croire au paradis !... D'ailleurs, dans le cas même où vous arriveriez sain et sauf au village, croyez-vous que, pour aucun prix, un *toy* consentirait à vous suivre sur le Montcalm par un temps semblable ? Non, non, monsieur ; nos montagnards sont téméraires, mais ils ne braveraient pas une mort certaine ; ce serait offenser Dieu. Ils savent notre danger ; dès qu'il sera humainement possible de venir à notre secours, ils viendront ; alors nous nous aiderons de notre côté, et peut-être ainsi nous sauverons-nous.

— Je n'ai pas le droit d'exiger de vous le sacrifice auquel je suis préparé moi-même, répliqua Valentin d'un air résolu. Restez ici, Giuseppe, vous avez assez fait déjà pour mériter ma reconnaissance éternelle. Quant à moi, rien ne pourra me retenir.

— Encore une fois, monsieur, s'écria le vieillard avec force, je vous supplie de ne pas nous quitter... Je vous demande cette grâce au nom de cette jeune fille, dont vous êtes l'unique espoir, au nom de cette pauvre créature, à qui l'avenir réserve peut-être encore bien des traverses! Si un projet de ce genre avait une chance de succès, une seule, j'aurais cru de mon devoir, moi à qui tous les recoins de la montagne sont familiers, de tenter l'aventure le premier. Quand ce matin j'ai voulu vous accompagner au Puits-d'Enfer, croyez-vous que j'ignorais à quoi je m'exposais? Je voyais la tempête approcher pas à pas : je pouvais mesurer sa fureur... cependant je suis venu... Pour prix de mon dévoûment, je vous supplie d'être patient, résigné, comme moi; sachons attendre; la Providence ne nous abandonnera pas!

Valentin sentit que le pâtre avait raison et il ne résista plus.

— Soit, Giuseppe, reprit-il d'une voix étouffée, je me fie à votre sagesse, à votre expérience... Qu'Antonia me pardonne si je reste inactif quand elle est en péril!

— Bien, bien, vous voilà enfin devenu raisonnable, dit Giuseppe avec un sourire de triomphe; mais la nuit approche, et une nuit passée à cette hauteur, par ce temps affreux, nécessite quelques précautions... Laissez-moi donc tirer le meilleur parti possible de notre malheureuse position.

Valentin alla s'asseoir près de la jeune fille, qui dormait toujours d'un sommeil troublé. Il laissa tomber sa tête dans ses mains; et l'œil fixé sur le visage de la malade, il demeura plongé dans de sombres réflexions.

Cependant le vieux berger faisait à la hâte ses dispositions pour la nuit.

Il alla remplir d'eau fraîche son petit broc de cuir; puis il assembla une assez grande quantité de branches de sapin dont le sol était jonché et il les porta dans la caverne pour servir de lit à lui et à son compagnon. Il réunit aussi du bois plus gros pour alimenter un feu qu'il alluma à l'entrée de la grotte, dans un enfoncement à l'abri du vent.

Ces préparatifs terminés, il tira de son sac quelques débris de pain et de viande et invita Valentin à en venir prendre sa part. Le jeune homme voulut refuser, mais Giuseppe, avec une douce autorité, l'obligea à l'imiter. Ils n'eurent pas de peine à achever ces piètres approvisionnements.

— Heureusement nous avons le garde-manger de notre petite amie, dit le vieillard avec une gaîté un peu forcée, en désignant les fruits et les racines dont la solitaire faisait sa nourriture ; il pourra nous être d'une grande utilité si nous restons plusieurs jours ici. La chère sera maigre pour vous, mais vous n'avez pas eu de repas bien délicats à l'Oule-Blanche!

. . . . . . . . . . . . . . . . . . .

La nuit arriva, noire, glaciale, menaçante; la tempête continuait; le vent hurlait avec une espèce de rage. Les arbres de la forêt se ruaient toujours à grand bruit les uns sur les autres. Le feu, allumé à l'entrée de la grotte, semblait s'éteindre par moments, puis il jetait tout à coup des teintes rouges et éclatantes. Souvent aussi des bouffées de neige, chassées par l'orage, bondissaient en tournoyant jusqu'au fond de la caverne.

Giuseppe invita son compagnon à prendre un peu de repos ; pour lui, enveloppé dans son manteau, il devait s'occuper d'entretenir le feu et de veiller sur la malade. Il avait acquis dans sa vie nomade, cette précieuse faculté, particulière à certaines organisations vigoureuses, de pouvoir résister longtemps au besoin de sommeil, le plus impérieux de tous les besoins.

Valentin eut bien voulu partager la tâche pénible du vieillard, mais les fatigues inouïes qu'il avait eu à supporter depuis son arrivée au Montcalm, les fortes émotions auxquelles il était sans cesse en proie avaient gravement attaqué sa constitution ;

il sentait une extrême douleur dans tous les membres ; sa tête était lourde , embarrassée. Il crut qu'un peu de sommeil lui rendrait sa vigueur accoutumée. Après avoir recommandé à Giuseppe de l'éveiller dès que la jeune sauvage sortirait de son abattement, il se jeta sur sa couche de feuillage.

Il était plongé depuis longtemps déjà dans un engourdissement profond assez semblable au sommeil, quand un bruit épouvantable retentit tout à coup. La montagne entière semblait vaciller sur sa base ; presque aussitôt il entendit Giuseppe l'appeler avec terreur, et la solitaire s'agiter convulsivement.

Valentin ouvrit les yeux, mais les ténèbres les plus complètes régnaient autour de lui. Il voulut se soulever, mille liens invisibles l'attachaient au sol; il voulut parler, la voix expira sur ses lèvres.

— Monsieur Norbert, disait Giuseppe au nom de Dieu, éveillez-vous! une avalanche vient de tomber dans le Puits-d'Enfer et de fermer l'entrée de la grotte; notre feu est éteint; nous sommes ensevelis vivants!

Cette sinistre nouvelle ne parut produire aucun effet sur Valentin; il répondit seulement par une exclamation sourde, inarticulée. Effrayé, Giuseppe se pencha vers le jeune homme, lui tâta les mains et le visage. Valentin avait les yeux ouverts, mais il était glacé.

— Que la bonne Vierge nous protège! s'écria le pâtre, il ne manquait plus que ce malheur... Le froid a saisi ce pauvre garçon pendant son sommeil... Allons! debout! debout! monsieur Norbert! continua-t-il en le secouant avec énergie et en essayant de le soulever, par pitié pour vous-même, éveillez-vous, ou vous êtes perdu sans ressource!

Valentin essaya de suivre ce conseil, mais la force lui manqua et il retomba aussitôt dans son inertie.

Alors Giuseppe, se dépouillant de son ample manteau, en enveloppa son malheureux compagnon. Il lui fit avaler plusieurs gorgées d'eau-de-vie; puis il se mit à lui frotter les bras et les jambes pour rappeler la circulation interrompue. Grâce à ces soins, Valentin put bientôt s'aider lui-même. Il se souleva et parvint enfin à se tenir sur pieds.

— Et maintenant, reprit Giuseppe, ne restez pas immobile une minute jusqu'à ce que le sang ait repris son cours ; surtout tâchez de résister au sommeil, car le sommeil ce serait la mort... Du reste, pour vous comme pour nous, elle n'est sans doute pas moins prochaine et inévitable !

Valentin obéit machinalement ; une agitation soutenue amena dans son organisme une réaction salutaire. La chaleur revint peu à peu dans ses membres, mais une chaleur ardente, morbide, accompagnée de moiteur et d'oppression. Giuseppe s'en aperçut.

— Cette crise vient de faire déclarer la fièvre, murmura-t-il; mon Dieu! avez-vous assez éprouvé vos pauvres serviteurs?... Recouchez-vous, ajouta-t-il avec tristesse; maintenant il n'y a plus à craindre que le froid vous gagne.

Valentin se laissa tomber épuisé sur les branchages.

— Antonia! où est Antonia? balbutia-t-il.

— Antonia ! répéta une voix plaintive au fond de la grotte.

Quelques heures se passèrent encore dans de mortelles angoisses pour Giuseppe, dans un engourdissement léthargique pour les malades. Mais, comme l'avait prévu le berger, le froid n'était plus à craindre ; l'air de cette étroite caverne, échauffé par l'haleine de trois personnes, avait pris cette température tépide qui règne dans une cave close. Malheureusement aussi il devenait de moment en moment moins respirable, l'entrée de la grotte étant complètement obstruée. On n'entendait plus aucun bruit du dehors ; c'était déjà le calme de la tombe.

Plusieurs fois ; dans cet espace de temps, la fille sauvage avait été en proie à un violent délire. Alors elle se retournait sur sa couche, elle poussait des cris bizarres imitant le chant de certains oiseaux des bois. Souvent aussi elle s'efforçait de reproduire des sons effacés de sa mémoire depuis bien des années. Ses facultés intellectuelles, exaltées par la fièvre, semblaient se réveiller insensiblement, comme si le voisinage des hommes, leur langage, le spectacle de leurs actes raisonnables et réfléchis, eussent déterminé en elle une réaction contre les instincts. Elle prononçait des mots sans suite, dénaturés et méconnaissables, auxquels évidemment elle n'attachait aucun sens ; sa bouche ne pouvait même se plier à les reproduire avec quelque précision. Les seuls mots nettement perceptibles au milieu de ces intonnations confuses étaient son propre nom et celui de Valentin; pour elle, ils exprimaient tous les sentiments de l'âme, le plaisir comme la douleur, la crainte comme l'espérance. Mais ces éclairs de mémoire et de raison passaient rapidement et bientôt la force du mal éteignait ces lueurs éphémères.

Cependant le montagnard n'était pas homme à demeurer longtemps oisif. L'air de la grotte, ne se renouvelant plus, se viciait rapidement et devait perdre bientôt ses propriétés vitales. Giuseppe, convaincu de cette terrible vérité, et ne pouvant désormais compter sur Valentin, dont l'état devenait d'heure en heure plus alarmant, voulut tenter quelques efforts pour préserver ses amis et lui-même d'une asphyxie prochaine. Sans autre outil que son long bâton ferré, il se mit à attaquer avec le courage du désespoir cette barrière qui les séparait du monde des vivants.

Autant qu'il pouvait en juger dans les ténèbres, l'obstacle se composait d'un amas de neige et de pierres d'une grande épaisseur. Au risque d'être écrasé sous un éboulement, il s'efforçait d'ébranler cette masse compacte en enfonçant son bâton dans le massif. La neige, mouillée et durcie par la gelée, avait formé une espèce de ciment entre les divers matériaux d'abord isolés et sans adhérence. Néanmoins, à force de constance, Giuseppe parvint à dégager l'extrémité supérieure de l'orifice de la grotte, et sentit enfin, comme à travers un soupirail, quelques bouffées d'air libre.

Ce succès était bien insuffisant, mais il donnait du moins la certitude aux pauvres prisonniers de ne pas mourir étouffés. Du reste, tout faible qu'il fût, il eût été impossible de le pousser plus loin. Les fragments de rocher étaient lourds, réunis par une glace solide. Un vieillard épuisé de travail, d'insomnie et de privations, eût été incapable de les ébranler seul. Il dut donc renoncer à ce labeur ingrat, et il prit à son tour quelques moments de repos.

La nuit se passa ainsi. Un rayon pâle et oblique, se glissant à travers la fissure que Giuseppe avait pratiquée avec tant de peine, annonça le jour. Ce rayon ne pouvait dissiper les ténèbres, mais chaque fois que les captifs levaient les yeux, cette faible et vacillante étoile brillait au-dessus de leur tête comme une espérance dernière.

Valentin et la fille sauvage n'étaient pas en état d'apprécier le danger de leur situation. Tous les deux, par des causes différentes, ressentaient à peu près les mêmes souffrances ; tous les deux, dévorés par la fièvre, restaient plongés le plus souvent dans un sommeil lourd, oppressé, interrompu à longs intervalles par des redoublements ou des accès de délire. Une seule fois Valentin eut un moment lucide.

— Eh bien! Giuseppe, demanda-t-il d'une voix déchirante, qu'y a-t-il de nouveau? Antonia, la pauvre Antonia, est-elle donc condamnée à périr ainsi que nous?

— Courage, mon fils! répliqua le montagnard d'un ton ferme.

— Vous croyez donc que l'on nous

sauvera, que l'on viendra à notre secours?

— Oui, oui, je le crois.

— Mais qui donc, Giuseppe? les hommes nous abandonnent...

— Dieu! dit une voix ferme et distincte.

C'était celle de la fille sauvage.

Etait-ce là une réminiscence due au hasard d'un nom que la solitaire avait souvent prononcé à une autre époque, ou bien fallait-il voir dans cette réponse, faite si à propos, le réveil positif d'une intelligence longtemps assoupie? Valentin et le vieillard, surexcités l'un par la maladie, l'autre par ses réflexions mystiques, y virent une manifestation providentielle.

Cependant la journée s'écoula sans aucun changement favorable. L'étincelle lumineuse de la voûte s'éteignit encore une fois; la nuit revint avec son cortége d'angoisses et de terreurs.

Vers le matin, le vieillard lui-même parut comprendre qu'il fallait se préparer à mourir.

La fille sauvage repoussait toute espèce de nourriture et de boisson; Valentin refusait d'humecter ses lèvres brûlantes avec l'eau boueuse provenant de la neige fondue; l'une et l'autre s'affaiblissaient visiblement d'heure en heure.

Giuseppe lui même n'avait plus le courage d'aller chercher quelques fruits secs au fond de la grotte pour réparer ses forces... A quoi bon prolonger son agonie ? Ne valait-il pas mieux mourir, en même temps que ces deux enfants, enseveli comme lui dans ce trou obscur?

Quand parurent les premières lueurs de la troisième journée, la fille sauvage avait à peine la force de gémir. Giuseppe lui prit la main ; cette main avait la moiteur sinistre qui précède la mort. Le vieillard poussa un profond soupir et s'avança vers l'autre malade ; l'haleine de Valentin était courte, entrecoupée, son pouls presque insensible ; ses extrémités étaient déjà glacées, malgré la température tiède du souterrain.

Le vieillard alla se rasseoir tristement.

— Allons ! murmura-t-il, tout est dit... eux maintenant, moi ce soir... Moi, qu'importe ? mais eux si jeunes, si beaux et si forts !

Il reprit après une pause :

— Les hommes nous ont abandonnés, mais j'avais compté sur des amis plus sûrs que les hommes... ils m'ont oublié aussi!... invoquons Notre-Dame-de-Bon-Secours pour moi et pour ceux-là qui ne peuvent plus prier !

Il se prosterna le visage contre terre et resta longtemps dans cette humble posture.

Tout à coup il se souleva sur le coude ; un bruit presque imperceptible s'était fait entendre au dehors.

Le bruit se rapprocha, devint plus distinct ; Giuseppe fit un bond ; si les plus épaisses ténèbres n'eussent régné dans la grotte, on eût pu voir son visage resplendir de joie.

— Courage, enfants ! s'écria-t-il ; on vient à notre secours !

Mais on ne répondit pas à ce cri d'espérance ; la voix du vieillard s'éteignit dans le silence de la caverne.

Enfin, une ombre passa devant le soupirail ; puis, des hurlements frénétiques retentirent.

— Oui, oui, c'est moi, Négrot ! c'est moi, Blanchette ! s'écria Giuseppe de toute sa force ; je vous attendais, mes bons chiens, et vous ne m'avez pas trahi !

Les hurlements devinrent plus bruyants ; des grumeaux de neige glacée tombèrent par le soupirail, comme si l'on eût gratté le sol avec fureur. Mais aussitôt des voix humaines dominèrent le bruit ; on repoussa les chiens et quelqu'un demanda timidement en patois du pays :

— Y a-t-il des chrétiens vivants dans ce rocher ?

— Il y en a de vivants, répliqua Giuseppe, et peut-être aussi y en a-t-il de morts !

Cette réponse parut épouvanter le questionneur, car il se retira aussitôt, et les aboiements recommencèrent. Giuseppe connaissait la superstition de ses compatriotes montagnards ; il craignit de les avoir mis en fuite par les paroles sinistres dont il n'avait pas calculé la portée ; mais son inquiétude ne fut pas de longue durée.

Bientôt un nouveau personnage, se penchant vers l'ouverture, demanda d'un ton ferme et cette fois en français :

— Ne vous nommez-vous pas Giuseppe? N'êtes-vous pas le berger de l'Oule-Blanche ?

— Oui, répliqua le vieillard sans reconnaître celui qui l'interrogeait.

— Etes-vous seul dans ce gouffre ?

— Plût à Dieu ! Mais j'ai avec moi l'ingénieur de Vic-d'Essos et une autre personne.

— Norbert ! Valentin ! s'écria la voix

avec un accent chaleureux; réponds-moi, mon cher Valentin !

— Il ne peut vous répondre, répliqua tristement Giuseppe ; et si vous voulez lui sauver la vie peut-être, hâtez-vous de vous mettre à l'œuvre.

— Eh bien ! que faut-il faire ?

Giuseppe expliqua en peu de mots la situation.

— Il suffit, reprit-on; éloignez-vous pour ne pas être écrasé sous les éboulements.

Une minute après, il se fit un grand mouvement au-dessus du pâtre; et il sembla qu'on attaquait les amas de neige et de pierres avec des outils de fer.

Giuseppe courut avec vivacité vers le fond de la grotte.

— On vient, jeunes gens, répéta-t-il à voix haute ; courage ! courage ! Encore un instant et nous sommes sauvés !

Le même silence effrayant accueillit ces paroles ; on n'entendait même plus la respiration irrégulière des malades.

— Pour tous les deux, murmura Giuseppe avec désespoir, il est trop tard !

Cependant l'activité redoublait au dehors. Les travailleurs étaient nombreux et exercés ; l'ouvrage avançait vite.

Enfin un écroulement se fit, une lumière éblouissante pénétra comme un torrent dans la caverne. L'ouverture, d'abord étroite, s'élargit rapidement, et un spectacle inattendu vint frapper les yeux de Giuseppe.

Les neiges abondantes, tombées prématurément deux jours auparavant, avaient en partie disparu; on apercevait seulement çà et là de larges places blanches ou des coulées semblables à celle qui avait comblé l'entrée de la grotte. Le reste du Puits-d'Enfer paraissait vert et frais comme au printemps; les sapins n'avaient rien perdu de leur sombre et majestueux feuillage ; la cascade roulait toujours ses eaux avec un bruit sourd, et le soleil, brillant de tout son éclat dans un ciel d'azur, illuminait de teintes éblouissantes les roches, les arbres et le bassin argenté. Le tapis de gazon ressortait çà et là en riantes oasis au milieu de la neige.

Trente ou quarante personnes, chasseurs et pâtres du village de Suc, étaient les comparses de cette scène. Les braves montagnards avec leurs costumes pittoresques, leurs bonnets catalans, leurs ceintures rouges et leurs espartilles se groupaient sur divers points, des pioches et des pelles à la main, attendant le moment de pénétrer dans la caverne. Quand le passage fut libre, ils poussèrent des cris de joie et s'élancèrent sur les débris de l'avalanche.

Malgré leur agilité, ils furent encore devancés par un vieux prêtre à figure vénérable, chef de cette dangereuse expédition. Il était chaussé d'espartilles comme les montagnards; sa soutane relevée sur le côté, souillée de boue et de neige, prouvait qu'il ne s'était pas épargné. Le premier il enjamba les blocs monstrueux qui obstruaient les approches de la grotte et pénétra dans l'intérieur en appelant avec angoisse :

— Valentin! mon cher Valentin, où es-tu?

Des hurlements couvrirent sa voix ; Négrot et Blanchette, les chiens de Giuseppe, se précipitaient en bondissant vers leur maître.

C'était à ces intelligents animaux qu'était due la découverte de ce lieu inconnu ; c'étaient eux qui avaient indiqué à la troupe le passage souterrain conduisant au Puits-d'Enfer ; leur instinct merveilleux avait deviné le berger et ses compagnons dans les profondeurs de la terre. Aussi on peut se faire une idée de leur joie en retrouvant le vieux pâtre ; ils pleuraient, ils se traînaient à ses pieds et lui léchaient affectueusement les mains.

Mais Giuseppe ne répondit pas aux caresses de ces fidèles serviteurs qui venaient pourtant de lui sauver la vie. Il leur imposa silence d'un geste sévère; puis, prenant l'abbé Norbert par la main, il le conduisit à l'endroit où Valentin était couché sans mouvement.

Le prêtre tomba à genoux.

— Valentin, mon enfant, réponds-moi donc! s'écria-t-il en le secouant doucement; c'est moi... c'est ton vieil oncle!... O mon Dieu, est-ce qu'il serait...

— Non, interrompit Giuseppe avec un accent de joie, voyez... le son de votre voix l'a ranimé!

En effet les joues pâles du jeune homme

s'étaient légèrement colorées ; il ouvrit les yeux et les attacha sur le chef de ses libérateurs avec une expression d'ineffable bonheur.

— Mon oncle, mon bon oncle ! murmura-t-il.

— Il me reconnaît... mon Dieu ! il me reconnaît !... Heureusement nous avons prévu que perdus sur le Montcalm depuis trois jours, vous auriez besoin des secours de la médecine. Où est le docteur ? demanda-t-il en se tournant vers les montagnards qui se tenaient respectueusement à l'entrée de la grotte.

— Me voici, monsieur le curé.

Un homme jeune et alerte perça la foule, portant une boîte qui contenait une pharmacie de campagne.

— Sauvez mon neveu, dit le prêtre d'un ton suppliant.

Le médecin voulut prendre le bras du jeune homme pour lui tâter le pouls, mais Valentin s'y refusa.

— Non, non, pas moi le premier! murmura-t-il; *elle* d'abord, *elle* avant tout... Je vous supplie de songer d'abord à elle!

Et il désignait l'angle obscur de la grotte.

Alors pour la première fois l'abbé Norbert et le médecin s'aperçurent qu'une autre personne était couchée dans ce lieu de douleur. L'aspect vraiment extraordinaire de l'inconnue les frappa d'étonnement.

— Qui est là ? demanda le prêtre ; quelle est cette malheureuse créature ?

— La femme sauvage du Montcalm, répondit Giuseppe.

Tous les assistants s'approchèrent avidement pour voir cette pauvre fille qui avait tant occupé la renommée.

— Mon oncle, hâtez-vous... reprit Valentin avec un effort désespéré ; elle a droit à votre dévoûment comme au mien... C'est Antonia de Villaréal !

— Antonia de Villaréal ! s'écria l'abbé stupéfait, c'est impossible ! es-tu sûr...

— Sûr comme je le suis de revoir cette lumière du soleil que je croyais éteinte à jamais pour moi ! répliqua Valentin avec énergie.

Et il raconta brièvement au curé à quels signes indubitables il avait reconnu son amie d'enfance.

Pendant cette conversation, le médecin ne restait pas inactif. Allant sans cesse de l'un à l'autre de ses malades, il eut bien vite reconnu que, dans ces neuves et robustes organisations, le principe de la vie pouvait aisément se ranimer. Après leur avoir fait prendre quelques cordiaux, il annonça qu'il répondait d'eux et engagea les assistants à préparer des brancards pour les transporter au village.

L'abbé Norbert avait écouté attentivement le récit souvent interrompu de Valentin.

— C'est un miracle! C'est le doigt de Dieu! dit-il après un moment de silence.

Puis s'approchant de la jeune fille inanimée, il mit un genou en terre et étendit la main sur elle par un geste solennel.

— Salut, pauvre enfant, reprit-il avec une profonde émotion, salut, toi que la Providence nous envoie pour nous permettre d'acquitter notre dette de reconnaissance envers ta sainte et noble famille !... Nous ne faillirons pas à la tâche qui nous est imposée... Tu es pauvre maintenant, faible, mourante, presque nue ; tu as désappris Dieu, l'humanité, les sentiments de la nature ; tu n'es qu'un objet de compassion pour tous ceux qui t'approchent... Nous, avec l'aide de Dieu, nous éclairerons ton intelligence, nous réveillerons ton cœur, nous te ferons rentrer dans les conditions communes de la vie sociale; nous te rendrons ton nom, ton rang dans le monde, ta fortune, et quand notre œuvre sera finie, les généreux martyrs de la Maison-Romaine nous béniront à leur tour du haut du ciel !

La fille sauvage poussa un faible gémissement, comme pour accepter ce dévoûment et cette prière.

Quelques moments après un long cortége, précédé par des hommes armés de haches et de pioches pour ouvrir le chemin, se dirigeait vers le hameau de Suc.

Derrière les brancards où l'on portait les malades, Giuseppe, fidèle à ses habitudes solitaires, marchait à l'écart et grommelait en branlant la tête :

— Ils veulent lui rendre son nom et sa fortune... Réussiront-ils ? Ils ne savent pas de quoi est capable l'*homme à la main sanglante !*... Mais je ne puis plus rien... Le démon a mis son sceau sur ma bouche... Je me tairai.

# V

## L'attente.

Nous passerons rapidement sur une période de dix-huit mois environ qui suivit ces événements.

Arrachés à une mort imminente, Valentin et la fille sauvage du Montcalm s'étaient promptement rétablis. Au bout d'une quinzaine de jours, le jeune ingénieur avait été en état de retourner, avec son vénérable oncle, à Vic-d'Essos. Quant à la solitaire, s'étant habituée un peu, pendant sa convalescence, à supporter la présence et les bons offices de ses semblables, elle avait été conduite à Foix dans un couvent de femmes.

Valentin, sur le refus de Villaréal de s'occuper du sort de cette pauvre créature, eût bien désiré la recueillir chez lui, où l'excellent curé Norbert se fût chargé volontiers de son éducation ; mais des raisons de convenance avaient empêché d'exécuter ce plan. Le zèle et la charité chrétienne des religieuses devaient suppléer la haute intelligence nécessaire peut-être pour remplir une pareille tâche.

Nous n'entrerons dans aucun détail sur le système d'éducation qui fut suivi à l'égard de la sauvage. Nous dirons seulement que ses institutrices agirent avec elle comme avec les petits enfants, dont, sauf la vigueur physique et l'humeur vagabonde, elle avait toute la simplicité et toute la candeur.

Quoiqu'il en fût des procédés mis en œuvre, ses progrès intellectuels furent rapides. Les idées qu'il s'agissait de lui inculquer existaient déjà en effet à l'état latent dans sa mémoire. Elle avait moins à apprendre qu'à se souvenir. Son esprit, arrêté dans sa marche pendant un long espace de temps, reprit avec énergie son développement. On eût dit d'une bonne terre qui, restée longtemps en friche, répare par un luxe de végétation sa stérilité passée. Au bout de quelques mois, elle put comprendre ceux qui lui parlaient; elle éprouva de plus grandes difficultés à s'exprimer couramment elle-même; cependant elle y parvint. C'était un pas immense; la pauvre fille était enfin rentrée dans les conditions de la vie sociale. Elle pensait, elle avait un moyen de communication avec les individus de son espèce; des principes de religion et de morale avaient germé dans son cœur. Ses institutrices étaient fières avec raison de ces résultats si prompts. Un savant précepteur, bouffi de théories, n'eût peut-être pas obtenu ce succès.

Une femme aussi extraordinaire avait dû exciter une vive curiosité dans la ville de Foix et dans les alentours. Pendant les premiers temps, le couvent où elle avait trouvé asile avait été littéralement assiégé de personnes empressées à la voir. Ses faits et gestes occupaient les oisifs ; les fables les plus absurdes circulaient à son sujet. Cependant peu à peu, comme il arrive toujours, cette curiosité avait fini par se lasser. Quelques dames privilègiées, ayant été admises auprès de la nouvelle pensionnaire du couvent de Sainte-Marie, avaient été étonnées de se trouver en présence d'une belle personne, grave, taciturne, modeste, du reste peu différente des autres jeunes filles de son âge. Bientôt elle perdit le prestige romanesque dont on se plaisait à l'environner; l'émotion qu'elle avait causée commença à se calmer. Les grands évènements politiques qui marquèrent la chûte de l'empire ne contribuèrent pas peu à détourner l'attention du public. Le midi de la France était alors sillonné dans tous les sens par des armées françaises et étrangères, agité par des réactions sanglantes. Au milieu de cette effervescence plus ardente encore sur la frontière d'Espagne, la jeune sauvage du Montcalm fut à peu près oubliée.

Cependant, le plus absolu mystère continuait à envelopper son origine. D'abord, sur quelques mots échappés à Valentin et à Giuseppe, le bruit s'était répandu que l'intéressante enfant appartenait à cette malheureuse famille de Villaréal dont on se rappelait encore l'histoire tragique. Dans les premiers temps, cette particularité avait ajouté à la sympathie qu'elle inspirait, mais rien n'était venu confirmer ces rumeurs. La famille de la jeune pensionnaire de Sainte-Marie ne s'était pas révélée ; elle-même ne pouvait fournir aucun éclaircissement à ce sujet. On ignorait jusqu'à son véritable nom et on lui avait donné celui de Marie, la patronne du couvent, afin de la désigner parmi ses compagnes.

Excepté quelques dames charitables de la ville qui, touchées de sa position, avaient offert de s'intéresser à son sort, elle n'avait d'autres protecteurs, d'autres amis que Valentin et l'abbé Norbert. C'était le bon curé qui payait sa pension : lui et son neveu venaient fréquemment de Vic-d'Essos pour la visiter; et chacune de leurs visites comblait de joie la pauvre enfant, que ce nouveau genre de vie sédentaire et uniforme jetait parfois dans une noire tristesse.

Voilà donc où en étaient les choses quand, par une chaude journée de juillet,

1815, deux voyageurs à cheval s'arrêtèrent devant l'hôtel des Deux-Couronnes, la principale auberge de Foix. La ville entière était en fermentation à cause des nouvelles politiques arrivées le matin; on venait d'apprendre la chûte de l'empereur; les habitants, réunis sur les places et dans les carrefours, causaient d'un air animé. Dans cette disposition inquiète de la population, le plus mince évènement suffisait pour éveiller l'attention; aussi, l'arrivée de ces voyageurs, couverts de sueur et de poussière et fort pressés en apparence, attira-t-elle bon nombre de badauds devant la porte cochère de l'auberge; mais cet empressement fut promptement déconcerté. L'aubergiste, accouru sur le seuil de sa maison pour recevoir les étrangers, les salua avec une respectueuse familiarité comme des hôtes connus ; l'un était un vieillard, conservant dans ses vêtements de voyage les signes distinctifs du costume ecclésiastique ; l'autre était un jeune homme convenablement vêtu ; mais appartenant évidemment au pays ; en un mot, c'étaient l'abbé Norbert et Valentin.

Dès que la foule reconnut qu'il n'y avait là ni courrier du gouvernement allant porter en Espagne des ordres de Paris, ni agent diplomatique voyageant pour les affaires de l'Europe, alors passablement embrouillées, elle se dispersa et alla chercher ailleurs pâture à son désœuvrement.

Valentin avait sauté lestement à bas de son cheval ; et, pendant que son oncle, moins agile, descendait aussi de sa monture avec l'assistance du maître-d'hôtel, il demanda d'un air empressé :

— Un voyageur de Toulouse est-il arrivé chez vous aujourd'hui, monsieur Vitrac ?

— Non pas que je sache, monsieur l'ingénieur.

— Quoi ! il n'y a pas ici une personne qui nous a donné rendez-vous dans votre maison et qui doit nous attendre ?

— Non, monsieur.

— Vous l'entendez, mon oncle, dit le jeune fonctionnaire avec chagrin, il n'est pas venu... il ne viendra pas !

L'abbé Norbert, à grand'peine, était enfin parvenu à mettre pied à terre.

— Patience ! donc, patience ! répondit-il d'un ton grondeur et indulgent à la fois ; il n'y a pas encore de temps de perdu... Le chevalier de Villaréal a annoncé qu'il serait ici dans la soirée, et il est à peine midi. Nous n'avons pas quitté le galop depuis notre départ de Vic-d'Essos ; je suis moulu, et voilà mon pauvre cheval Roland qui est à moitié fourbu... Si tu n'as pas pitié de la monture, mon garçon, prends au moins pitié du maître! Je ne suis nullement fâché d'avoir un instant pour me reposer avant de songer aux affaires qui nous appellent à Foix.

Valentin ne répliqua rien, mais on voyait à son agitation fiévreuse combien il souffrait des lenteurs du vieillard. Celui-ci recommanda les chevaux à un garçon d'écurie; puis, après avoir ordonné de l'avertir dès que la personne attendue arriverait, il se fit conduire à une chambre que son neveu et lui occupaient d'ordinaire dans leurs voyages au chef-lieu du département.

Bientôt le curé, confortablement assis

en face d'une table sur laquelle se trouvaient quelques rafraîchissements, parut retrouver sa sérénité et sa bonne humeur habituelles. Valentin tournait autour de lui d'un air embarrassé.

— Mon oncle, dit-il enfin timidement, mes soins ne devant plus vous être nécessaires, je vous demanderai la permission de m'absenter un moment.

— Où veux-tu donc aller, mon garçon ?

— Ne le devinez-vous pas ?... Je ne peux me trouver si près d'Antonia sans désirer de la voir au plus vite.

— Eh ! que lui dirais-tu, mon ami ? Ne

vaut-il pas mieux attendre le résultat de notre entrevue avec le chevalier de Villaréal ? Prends patience, Valentin, et ce soir peut-être nous irons tous ensemble porter à cette chère petite de bonnes nouvelles.

Valentin s'assit avec résignation.

— Vous avez raison, mon oncle, reprit-il, pardonnez-moi si je ne peux commander à mon inquiétude... mais vous savez combien la circonstance est critique pour Antonia, pour nous-mêmes.

— Pauvre enfant ! dit le curé d'un ton affectueux, pourrais-je t'imputer à crime des sentiments si louables ? Seulement, Valentin, souviens-toi de ta parole... dans le cas où le chevalier de Villaréal ne se trouverait pas tel que nous le désirons, tu m'a promis d'être calme.

— Calme! mon oncle! s'écria l'ingénieur en bondissant sur sa chaise, et comment serais-je calme quand cet homme aveugle s'obstine à ne pas reconnaître sa nièce? Depuis dix-huit mois, il élude toute explication par des subterfuges, des dénégations vagues, ou il laisse nos lettres sans réponse. Après m'avoir inspiré tant de confiance quand je le rencontrai sur le Montcalm, après m'avoir donné une si haute idée de son désintéressement, il montre la plus indigne, la plus coupable indifférence à l'égard de son infortunée parente, de sa pupille; il a fallu le menacer d'une action en justice pour lui arracher une détermination... Enfin dans une dernière lettre, il annonce qu'il se trouvera ici aujourd'hui, et qu'il nous fera connaître ses intentions... Oh! qu'il vienne donc! il faut une réparation, une réparation prompte et complète. Pourquoi, bon Dieu! aurais-je arraché Antonia aux horreurs de sa vie sauvage, si elle devait être dans la société comme une paria maudite, sans famille, livrée à la pitié publique?... Non, non, il n'en sera pas ainsi; elle est la fille de mes bienfaiteurs, et j'obtiendrai justice pour elle; vienne le chevalier de Villaréal, et s'il refuse encore de remplir son devoir...

— Eh bien, que feras-tu, mon garçon? Quel moyen auras-tu de forcer le chevalier à agir suivant tes volontés?... Si je m'en rapporte à certains souvenirs, Montès de Villaréal est plus habitué à inspirer de la crainte aux autres qu'à l'éprouver lui-même.

— Mon oncle, s'écria Valentin impétueusement, dites-moi, de grâce, ce que vous savez de lui... Vous avez toujours refusé de vous expliquer nettement sur son compte ; et en vérité, plus je réfléchis à mes rapports avec Montès de Villaréal, plus mon embarras augmente... Il y a bien des obscurités dans sa conduite généreuse en apparence, et j'ignore encore si je dois le regarder comme un honnête homme ou comme un fourbe sans cœur!

— Il n'est peut-être absolument ni l'un ni l'autre, mon cher Valentin, répondit le vieillard avec un sourire triste; peu d'hommes, en effet, sont complètement bons ou complètement méchants, tant le bien et le mal se confondent dans notre misérable nature humaine... Je sais peu de choses du capitaine Montès; son frère ne parlait de lui qu'avec une extrême répugnance. Si ma mémoire ne me trompe, des rivalités de fortune et peut-être d'affections avaient éclaté entre eux; ce qui avait décidé l'aîné à quitter l'Espagne et à venir s'établir de ce côté de la frontière. Montès à ce qu'il paraît, mena une vie assez désordonnée dans son pays natal, et dissipa rapidement sa part d'héritage... Mais la charité chrétienne défend de juger trop sévèrement des erreurs de jeunesse, qui ont pu être rachetées par la sagesse de l'âge mur.

— Tout cela ne détruit pas les soupçons que je serais en droit de concevoir sur le seul parent d'Antonia... Voyons, mon excellent oncle, parlez-moi dans la sincérité de votre conscience : croyez-vous le capitaine Montès capable de méconnaître sa malheureuse nièce, afin de n'avoir pas à restituer le riche héritage dont il jouit?

— Dieu seul voit le fond des cœurs, et

ce serait mal d'attribuer à son prochain des intentions coupables qu'il n'a peut-être pas... Cependant, s'il faut l'avouer, j'ai toujours observé qu'il était dangereux de tenter les hommes et de mettre en opposition leur intérêt avec leur devoir...

— Ainsi, à votre avis, la tentation pourrait être trop forte pour Montès de Villaréal ?

— Je ne dis pas cela... mais la conscience la plus timorée cherche parfois des raisons pour éviter un sacrifice pénible ; quand ces raisons sont spécieuses et en grand nombre, on peut se tromper innocemment. S'il était rigoureusement démontré que notre protégée est bien Antonia de Villaréal, le chevalier, j'imagine, ne voudrait pas renier sa nièce; mais dans le doute où il est, faute de preuves, il pourrait, même à son insu, se laisser entraîner...

— Le doute! mon oncle, interrompit Valentin; peut-il rester l'ombre d'un doute au chevalier ou à personne sur l'identité de la pauvre sauvage avec la fille de notre bienfaiteur? Montès lui-même ne croyait-il pas à cette identité, lorsqu'il s'est rencontré avec elle sur le Montcalm? N'ai-je pas reconnu mon amie d'enfance à des indices certains? Mon témoignage et le vôtre ne sont-ils pas suffisants pour constater...

— Notre opinion, mon enfant, serait peut-être de quelque poids ; mais pourrais-tu affirmer par serment que la pensionnaire de Sainte-Marie est bien la fille et l'héritière du chevalier de Villaréal ?... Quant à moi, je ne l'oserais pas.

— Et moi, je le ferais, mon oncle, je le ferais sans hésiter... Au nom du ciel, d'où vous viennent de pareils scrupules ?

— Prends garde, Valentin, de te laisser aller à ta bouillante imagination. J'admets un moment avec toi que, par des circonstances encore inexpliquées, l'enfant échappée, dit-on, à l'affreux massacre de Maison-Romaine soit la fille sauvage, trouvée sept ans après dans un si triste état sur le Montcalm, comment établiras-tu le cas devant la justice? Deux noms prononcés avec effort, un bout de chanson retenu, une ressemblance fugitive avec la petite Antonia, sont-ce là des preuves assez saisissantes pour donner droit à un grand nom, à une grande fortune? Si notre amie, depuis qu'elle a retrouvé le don de la parole, avait pu elle-même fournir des détails sur ses parents, dissiper les ténèbres de son existence passée, de fortes présomptions se fussent élevées en sa faveur. Mais, tu le sais, la chère enfant, chaque fois qu'on l'interroge sur les évènements antérieurs à son long séjour sur les montagnes, tressaille, pâlit et manifeste un véritable égarement; elle semble être encore sous l'impression d'une grande terreur qui, se réveillant à la moindre allusion, trouble son jugement et sa mémoire. En l'absence de toute indication de sa part, que reste t-il? Ta conviction? Elle est franche et sincère; mais on te demandera sur quels faits elle est fondée, et ces faits paraîtront bien peu concluants à des gens froids et positifs par devoir même. On te reprochera d'écouter ton intérêt, fort naturel du reste, pour une créature infortunée que tu as arrachée à une condition si misérable. Peut-être même, car il faut tout prévoir, ira-t-on jusqu'à supposer un sentiment secret qui t'aveuglerait sur les droits de ta protégée!...

Valentin baissa la tête en rougissant. Mais bientôt il la releva d'un air d'enthousiasme et d'obstination.

— Ainsi donc, reprit-il, Antonia n'a plus que moi pour soutien... Mon oncle, vos raisonnements sont sages sans doute, je ne les discuterai pas ; mais je ne peux aller contre ma conviction, et aucun argument ne parviendrait à la changer. J'ai trop vécu avec la petite Antonia, j'ai trop étudié ses instincts enfantins, mes souvenirs de jeunesse sont trop présents encore à ma mémoire, pour que je la méconnaisse, malgré les changements opérés dans sa personne par sept années d'une pénible existence... Ce qui vous empêche de la reconnaître de même, mon oncle, c'est votre excessive réserve, votre scrupuleuse défiance de vous-même ; vos incertitudes proviennent d'un excès d'amour pour la vérité... Quant au chevalier Montès, il ne cherche qu'un prétexte, tranchons le mot, pour dépouiller l'orpheline de son héritage.

— Vous êtes bien téméraire dans vos opinions! dit le vieillard d'un ton sévère ; je n'ai aucune raison de penser trop favorablement de cet homme, mais on n'a pas le droit d'élever légèrement contre lui une accusation pareille... Valentin, rappelle tes souvenirs... As-tu oublié qu'il est une personne qui pourrait peut-être nous fournir des renseignements précieux?

— Qui donc, mon oncle?

— Ce vieux berger qui vous a sauvé la vie à toi et à la fille sauvage dans la grotte du Puits-d'Enfer... Quand nous quittâmes Suc après ton rétablissement, il me prit à part pour m'engager à me défier de ton ardent courage ; il m'annonça d'un ton d'oracle que tu rencontrerais sur ton chemin des ennemis dangereux contre lesquels tu devais être en garde. Mais ces ouvertures étaient faites d'une manière si vague, si mystérieuse que je ne savais trop qu'en penser. Je lui demandai des explications; je ne pus rien obtenir de plus, et il me quitta.

—Vous voulez parler du pâtre Giuseppe,

mon oncle. J'ai contracté de grandes obligations envers ce digne homme, et il me répugne beaucoup de le ravaler; cependant, ce n'est après tout qu'un...

— Qu'un fou, veux-tu dire? Eh bien! Valentin, je ne suis pas entièrement de ton avis. Tu conviens toi-même que dans la terrible tourmente du Puits-d'Enfer, vous eussiez tous péri sans la prudence et le sangfroid de ce vieillard. Sa conduite en cette circonstance n'annonçait nullement une intelligence dérangée. D'un autre côté, ce que tu m'as raconté de ses singuliers avertissements me prouve clairement que Giuseppe connaissait fort bien Montès de Villaréal, le gitano Biroben et toi-même peut-être ; or, ne se pourrait-il pas que, craignant de se compromettre en parlant trop franchement, il ait employé cette forme mystique pour donner des conseils utiles? Ces vieux paysans sont rusés ; d'ailleurs celui-ci peut être de très bonne foi dans la conviction qu'il doit à des moyens surnaturels une connaissance due à des moyens fort ordinaires. Là serait la folie ; mais cette folie ne saurait altérer en rien la confiance que mérite le témoignage de Giuseppe.

Valentin réfléchit un moment.

— Vous avez raison, mon oncle, reprit-il ; et cette pensée m'était déjà venue à moi-même ; mais d'autres préoccupations ne m'avaient pas permis de m'y arrêter... pourquoi votre fâcheuse réserve vous a-t-elle empêché de me faire entrevoir plus tôt quel parti l'on pouvait tirer de Giuseppe? Je serais allé le trouver ; je l'aurais supplié, menacé, et peut-être maintenant aurais-je un moyen sûr de vaincre la résistance de M. de Villaréal !

L'abbé Norbert sourit :

— Pas si vite, mon ami, répliqua-t-il. Toutes les difficultés ne sont pas levées parce qu'un vieux montagnard, que tu croyais complètement fou, n'est peut-être fou qu'à moitié... Prenons patience et attendons le résultat de cette entrevue que nous allons avoir avec M. de Villaréal ; si, comme je le crains bien, ce résultat n'était pas favorable à notre jeune amie, nous saurions bien forcer Giuseppe à des aveux.

— Soit, mon oncle, nous nous concerterons à ce sujet... Mais, continua Valentin en se levant, le temps se passe et M. de Villaréal ne paraît pas... S'il allait ne pas venir !

— N'aie pas cette crainte... Ou je me trompe fort, ou Montès de Villaréal attache autant d'intérêt que nous-mêmes à cette explication ; il viendra, il viendra, j'en réponds.

Comme l'abbé parlait encore, une voiture de poste entra dans la cour de l'auberge. Valentin courut à la fenêtre ; mais cette fenêtre ne donnait pas sur la cour ; le jeune homme put seulement juger, au mouvement qui se faisait dans la maison, qu'un hôte d'importance venait d'arriver.

— C'est lui... ce doit être lui ! s'écria-t-il.

— Oui, c'est lui, dit le vieillard en serrant avec force la main de son neveu ; et songe, Valentin, pendant que nous sommes seuls encore, combien l'insulte et la menace pourraient être préjudiciables à la cause que tu vas plaider.

— Je tâcherai de m'en souvenir, mon oncle, je vous le promets.

Un bruit de pas se fit entendre dans l'escalier ; l'aubergiste ouvrit la porte, introduisit deux personnes qui le suivaient et se retira. De ces deux personnes l'une était le capitaine Montès de Villaréal, l'autre une jeune fille richement vêtue et d'une beauté remarquable.

L'oncle et le neveu s'étaient levés pour les recevoir ; à la vue de cette femme inconnue, Valentin ne put retenir un geste d'étonnement ; l'abbé Norbert, plus maître de lui, répondit poliment aux compliments de Montès et offrit des siéges aux nouveaux venus. Fatigués du long voyage qu'ils venaient de faire par une chaleur accablante, sur les routes poudreuses du Midi, ils acceptèrent, et Valentin put enfin les examiner l'un et l'autre avec plus de liberté.

Un changement complet s'était opéré dans l'extérieur du chevalier de Villaréal. Sa longue moustache avait disparu ; son visage encore jeune, sans avoir entièrement perdu cette expression dure qui lui était habituelle, semblait plus franc, plus ouvert. Il portait un costume simple mais trahissant l'homme du monde, habitué à la fortune. Le ruban d'un ordre étranger ornait sa boutonnière ; ses manières dignes inspiraient le respect. Valentin lui-même éprouva cette influence, et ses sentiments tumultueux furent refoulés un moment par la présence de l'oncle d'Antonia.

La jeune fille qui accompagnait Montès excita aussi vivement son attention et celle de l'abbé Norbert. Elle avait quinze ou seize ans, au plus ; sa taille était moyenne mais svelte, souple et musculeuse. Ses traits, d'une régularité parfaite, présentaient cette teinte légèrement fauve particulière aux créoles et aux Espagnoles. Ses yeux noirs pétillaient de feu. Ses cheveux bruns, épais, partagés en bandeaux sur le front, étaient ondés et même légèrement crépus, quoique fins et soyeux. Sa mise témoignait d'un goût bizarre ; elle se composait d'étoffes aux couleurs vives et tranchantes. L'inconnue avait réuni sur sa personne tous les bijoux que la mode pouvait autoriser alors une jeune fille à porter :

des bagues, des bracelets, des croix d'or; et cet amour pour les parures semblait caractéristique. Du reste, cette belle personne était surtout remarquable par une attitude fière et indépendante ; son œil hardi ne se baissa pas sous les regards de Valentin, son sourire ne s'effaça pas de sa bouche dédaigneuse, aux lèvres un peu grosses mais fraîches et vermeilles. L'examen dont elle était l'objet n'appela pas la plus légère rougeur sur ses joues; elle semblait habituée à ne pas s'effrayer de l'attention des hommes.

Cependant, les Norbert, oncle et neveu, ne savaient s'ils devaient entamer devant cette étrangère l'explication qui était l'objet de l'entrevue. Le chevalier remarqua leur embarras, et se fit un malin plaisir de la prolonger.

— Ma foi ! messieurs, dit-il avec une aisance parfaite, il m'a fallu de grandes raisons pour me décider à me mettre en route dans ces temps de troubles et de révolutions... De Toulouse à Foix, nous avons été arrêtés plus de dix fois par des populations en armes qui nous demandaient des nouvelles. On a même voulu nous garder dans un village à quelques lieues d'ici ; nous étions suspects de bonapartisme à un butor de maire, qui tenait particulièrement à nous enfermer dans une étable servant de prison à la commune.

— Cette pretention, monsieur le chevalier, dit le curé en souriant, eût pu avoir des suites fort désagréables pour vous, et surtout, ajouta-t-il en se tournant vers l'inconnue, pour cette jeune demoiselle.

— *Demonio!* j'étais armée aussi! répliqua la jeune fille avec un geste brusque et menaçant.

L'ecclésiastique fit un bond sur sa chaise en recevant cette réponse d'amazone; Montès partit d'un éclat de rire:

— Vous voyez que la garde nationale et l'autorité de Z... auraient eu affaire à forte partie! s'écria-t-il avec gaîté; aussi on s'est ravisé et on nous a laissé passer.

Cependant Valentin bouillait d'impatience ; aucune considération de convenance et de politesse ne put l'obliger à se contenir plus longtemps.

— Vous saviez en effet, Monsieur, dit-il avec fermeté, qu'un devoir sacré vous appelait ici, et aucun obstacle ne devait vous arrêter.

— Même l'étable de M. le maire de Z...? dit Villaréal avec ironie ; mais je comprends votre impatience, monsieur Norbert, continua-t-il en quittant le ton de la plaisanterie, et je ne la prolongerai pas à plaisir, car en effet il s'agit de choses graves... Vous pouvez parler devant mademoiselle, elle est instruite de l'affaire qui m'amène ici ; elle n'y est même pas tout-à fait désintéressée.

— S'il en est ainsi, reprit Valentin, venons au fait sur-le-champ. Eh bien ! chevalier de Villaréal, allez-vous accorder enfin à votre unique parente le nom, le rang, la fortune, l'affection paternelle que vous lui devez ? Ce serait le seul moyen de faire oublier des hésitations qui pourraient donner à penser...

— Valentin ! interrompit l'abbé d'un ton inquiet.

— Laissez-le parler, de grâce, monsieur le curé, dit Montès avec un sourire bienveillant. J'aime cet enthousiasme, cette généreuse indignation d'un jeune homme de bien... Monsieur Norbert, continua-t-il avec une franchise cordiale en s'adressant à Valentin, je répondrai à toutes vos questions, ou plutôt je n'aurai qu'un mot à dire pour vous faire comprendre l'injustice de vos reproches, pour vous faire rougir de soupçons qui ne sauraient m'atteindre.

Valentin restait interdit.

— Monsieur Norbert, continua Montès, vous m'accusez d'indifférence, de dureté même envers ma pupille et parente... J'ai voulu qu'elle pût me justifier elle-même, et c'est pour cela que je l'ai amenée ici avec moi.

Il se leva et prit la main de la jeune fille.

— Monsieur le curé, monsieur Valentin Norbert, dit-il d'une voix assurée, je vous présente ma nièce, Antonia de Villaréal !

## VI

### Les Explications.

Le vieux prêtre s'attendait peut-être à cette présentation et il se contenta de s'incliner ; mais Valentin resta stupéfait.

— Elle ? murmura-t-il ; cette jeune fille... mademoiselle ? c'est impossible !

Celle qu'on appelait Antonia de Villaréal

lui lança un regard hautain qui semblait dire :

— Et pourquoi pas ?

Montès observait à la dérobée l'oncle et le neveu.

— Messieurs, reprit-il, vous dont les rapports ont été si étroits jadis avec mon malheureux frère, n'avez-vous pas été frappés tout d'abord de la ressemblance d'Antonia avec son père, avec moi-même ?... De grâce, regardez-la, monsieur Norbert ; monsieur le curé, interrogez vos souvenirs, ne retrouvez-vous pas en elle les traits de votre ami Fernand de Villaréal ?

— Il y a, en effet, une ressemblance éloignée, répondit le curé, entre vos traits et ceux de mademoiselle, mais...

— Antonia ressemblait surtout à sa mère! s'écria Valentin impétueusement; elle avait cette expression douce, mélancolique et cependant passionnée de madame de Villaréal.

— Je l'avoue, monsieur Norbert, dit Montès avec calme, sur ce point vous êtes un juge plus compétent que moi, car, retenu en Espagne par les devoirs de mon service militaire, je n'avais jamais mis le pied sur le sol français avant la catastrophe de la Maison-Romaine; je n'ai donc pas connu ma nièce Antonia, quand elle était enfant.

— Comment alors avez-vous pu trancher si promptement une question de cette importance ? demanda Valentin. Sur quelles preuves avez-vous basé votre croyance ?

— Sur des faits, monsieur l'ingénieur, répliqua Montès, sur des témoignages irrécusables parce qu'ils sont désintéressés, sur des présomptions logiques, rigoureuses, ayant presque la force de la certitude... De pareils arguments, monsieur l'abbé en conviendra avec moi, ont bien une autre force qu'une fugitive ressemblance avec tel ou tel membre de la famille de Villaréal.

— Monsieur le chevalier a raison, dit le prêtre, la ressemblance peut changer avec l'âge, et une semblable preuve est de sa nature peu décisive... Valentin, avant de nier, il faudrait peut-être s'informer à quels indices M. le chevalier a reconnu sa nièce.

L'ingénieur ne dit rien et s'assit d'un air sombre.

— « Je n'ai pas besoin de vous rappeler, dit Montès au milieu d'un profond silence, le vif intérêt que j'ai toujours porté à l'enfant disparue d'une façon si inconcevable et mes constants efforts pour retrouver ses traces. Mon arrivée au Montcalm en même temps que M. Valentin Norbert n'eut donc rien de surprenant. Tous les deux, frappés des bruits étranges qui couraient sur la femme sauvage, nous avions eu la même pensée, et peut-être Biroben, ce misérable bohémien que nous rencontrâmes inopinément à l'auberge du Suc, avait-il également des soupçons... »

— Eh bien, monsieur, interrompit Valentin incapable de se modérer, cette action simultanée de trois personnes qui, par des causes différentes, s'intéressaient le plus au monde à la destinée d'Antonia de Villaréal, ne prouve-t-elle rien pour la fille sauvage ?

— Je ne le nie pas; je conviendrai même, si vous le voulez, que le crime de ce coquin de gitano est une présomption de plus en sa faveur... Oui, je ne cherche pas à diminuer la valeur des raisons qui ont produit chez vous une conviction aussi complète que paraît la vôtre, mais il me sera bien permis à mon tour de vous exposer les motifs de la mienne.

« Vous connaissez les évènements; quand la fille sauvage eut été blessée par Biroben, je crus ma nièce morte. Je déplorais sincèrement sa perte avec vous lorsqu'une lettre arriva. Cette lettre avait été écrite par vous, monsieur l'abbé; elle vous était adressée, monsieur Valentin. On vous annonçait qu'une bohémienne, appartenant à l'ancienne bande de Biroben, venait d'être arrêtée à Foix. Cette femme, appelée la Saltarella, conduisait avec elle une jeune fille « qui, dit-elle au magistrat chargé de l'interroger, eut dû habiter une maison belle comme une église et être habillée comme une madone. » Elle refusa de s'expliquer davantage, mais ces paroles suffisaient pour mettre sur la voie des découvertes. Cette circonstance que la Saltarella avait pu assister au crime de la Maison-Romaine, les habitudes bien connues de ces bohémiennes qui volent des enfants pour émouvoir la pitié publique, l'âge de la jeune fille se rapportant à peu près à celui d'Antonia, donnaient matière à des rapprochements significatifs. Le juge nous écrivit, à M. Norbert et à moi, pour nous faire part de ses soupçons. La lettre ne me parvint pas, car j'étais alors absent ; mais l'abbé se hâta de nous transmettre celle qu'il avait reçue.

« Je l'avouerai, dans le premier moment je n'ajoutai pas foi entière à la réalité de cette découverte. Aussi, fut-ce uniquement pour obéir à ma conscience que je me rendis ici en vous quittant.

« Le magistrat m'expliqua alors sur quels indices il avait fondé ses suppositions ; il me montra les interrogatoires de la Saltarella, de la jeune fille elle-même ; je commençai à douter.

« Je courus à la prison ; là je trouvai une femme abrutie par les privations, et une pauvre enfant couverte d'oripeaux flétris. J'interrogeai la Saltarella, et j'eus grand'-peine à lui arracher une parole raisonnable ; certaines préoccupations d'esprit l'empêchaient de répondre avec sincérité. Comme elle avait fait partie de la bande de Biroben, elle craignait d'être mise en jugement à cause du meurtre de la famille de Villaréal, et j'eus beaucoup de peine à gagner sa confiance ; ce fut seulement à force de promesses, de menaces, après de longues hésitations et des aveux suivis presqu'aussitôt de rétractations, que je parvins à recueillir des renseignements positifs.

« Il paraîtrait que la Saltarella n'était

pas avec la bande quand les bohémiens vinrent demander l'hospitalité à M. de Villaréal ; elle s'était arrêtée à un village voisin pour chanter et jouer des castagnettes dans une ferme où il y avait fête. Le lendemain matin, au point du jour, elle voulut rejoindre ses compagnons avant leur départ de la Maison-Romaine. Elle venait de traverser Gonac quand elle entendit tout à coup des cris faibles et plaintifs dans un épais buisson, à quelque pas de la route. Elle s'arrêta effrayée, car elle avait toute la superstition des gens du pays. Cependant, elle prit sur elle de pénétrer dans le fourré ; elle trouva une pauvre petite fille couchée sur l'herbe et presque mourante. L'enfant, âgée de cinq ou six ans, était vêtue d'une robe de nuit en lambeaux; ses pieds étaient déchirés et sanglants; la terreur, la fatigue et l'épuisement se peignaient sur son joli visage; ses yeux étaient hagards. La Saltarella voulut l'interroger; la petite ne répondit que par des gémissements...

« Avant d'aller plus loin, monsieur Valentin Norbert, interrompit Montès en se tournant vers le jeune ingénieur, je vous ferai remarquer combien ces faits se rapportent exactement à certaines assertions mises en avant par vous-même, assertions qu'on avait pourtant révoqué en doute dans l'instruction judiciaire... »

Valentin baissa la tête, comme un

homme forcément convaincu, qui craint de laisser voir son triomphe à un adversaire odieux.

« — La Salfarella, reprit Montès, toujours d'après son récit, prit l'enfant dans ses bras, l'enveloppa dans sa mante et voulut l'emporter à la Maison-Romaine, la charité des maîtres de cette habitation lui étant bien connue. Mais comme elle continuait sa marche, elle aperçut dans le crépuscule du matin plusieurs individus de la bande de Biroben ; ils s'enfuyaient précipitamment dans diverses directions. Elle les appela; ils ne lui répondirent pas et se mirent à fuir plus vite encore. Un seul, se trouvant face à face avec elle, ne put l'éviter. La Saltarella lui demanda la cause de cette panique.

« — Il est arrivé *quelque chose* à la Maison-Romaine, dit cet homme brusquement. Décampe comme les autres, si tu tiens à garder ta tête sur tes épaules... Dans quelques heures, il fera chaud ici pour tous les gitanos de la montagne !

« Et il se sauva sans vouloir en dire davantage.

« La Saltarella ne comprit pas d'abord de quoi il s'agissait, et elle affirme n'avoir appris le crime que plus tard. Cependant, elle avait trop mauvaise opinion de certains individus de sa bande pour ne pas faire son profit de l'avertissement. Elle s'empressa de prendre le chemin des montagnes, et se réfugia chez un habitant de la frontière dont elle a refusé obstinément de dire le nom et la qualité. Là, elle resta cachée pendant qu'on fouillait le pays, et elle se hasarda à gagner l'Espagne plusieurs mois seulement après le crime, alors que les recherches de la justice commençaient à se ralentir.

« La Saltarella eût bien voulu laisser l'enfant dans cette maison où elle avait reçu asile ; mais, craignant de compromettre ses protecteurs, elle se décida à l'amener en Catalogne, où elle conçut l'ignoble pensée de s'en faire un gagne pain.

Elle l'exerça à chanter et à danser en s'accompagnant des castagnettes, puis, quand la petite fut suffisamment instruite, elle la conduisit avec elle de village en village. Cette existence vagabonde a duré sept ans environ. Enfin la Saltarella, poussée par le besoin et sûre que la grâce et la gentillesse de son élève feraient merveille en France, s'est décidée à repasser la frontière, malgré ses dangereux antécédents. Mal lui en a pris, car elle n'a pas tardé à être arrêtée comme vagabonde avec sa fille adoptive, pauvre innocente qui n'était pas née pour ce degré d'abjection !

« Voilà, messieurs, quel fut à peu près le récit de la Saltarella ; mais il fallut lui arracher ces aveux un à un, et, pour ainsi dire, lambeau par lambeau. Puis les difficultés recommencèrent quand il s'agit de leur donner une forme authentique; la bohémienne, toujours timorée, rétractait devant le magistrat ce qu'elle avait dit la veille en tête-à-tête. Enfin cependant, grâce à mes bons traitements, je parvins à lui faire faire une déclaration en règle qui jette un jour complet sur un passé jusqu'alors inexplicable.

« Votre présence à l'un et à l'autre, messieurs, eût pu m'être bien utile dans ces difficiles négociations ; mais vous savez quels empêchements sérieux vous retenaient. M. Valentin, victime de son dévouement, a pensé périr dans les neiges du Montcalm, et il est resté long-temps à se rétablir ; la place de son excellent oncle était naturellement à son chevet ; j'ai donc été privé de vos lumières dans le moment où elles m'étaient le plus nécessaires. D'un autre côté, vous croyiez devoir l'un et l'autre, tous vos soins, tous vos égards à la pauvre solitaire du Montcalm, dont la position était en effet digne de pitié. De la sorte, vous n'avez pu avoir connaissance de mes découvertes successives, et lorsque vous êtes arrivés à Foix avec votre protégée, j'avais déjà quitté la ville avec la mienne.

« Moi-même je dois en convenir, je ne

voulais pas invoquer votre témoignage avant d'avoir acquis une certitude entière. J'interrogeai à son tour la pauvre jeune fille que vous voyez ici ; ses souvenirs étaient confus, mais elle ne dit rien qui pût contredire le récit de la Saltarella. Du reste, elle avait les mœurs farouches, le caractère hardi, les allures des vagabonds au milieu desquels elle a passé sa vie. Espérant obtenir d'elle des renseignements nouveaux dès que son intelligence serait dégagée des préjugés et des erreurs d'une profonde ignorance, j'ai essayé de lui faire donner, dans une pension de Toulouse, les éléments de l'éducation. Jusqu'ici, ces efforts n'ont pas eu de résultats efficaces, et j'éprouvais une espèce de honte à vous la montrer encore fruste et sauvage ; mais les reproches passionnés de M. Norbert ne m'ont pas permis d'attendre davantage, et j'ai dû répondre à ses accusations en lui présentant la véritable Antonia de Villaréal. »

Pendant ce récit, Valentin hochait la tête d'un air d'impatience ; cependant, il demanda avec assez de calme :

—Et cette bohémienne, cette Saltarella qui s'est accusée du rapt de la jeune fille, ne pourrais-je la voir, l'interroger moi-même ?

—Malheureusement non, répondit Montès avec quelque embarras. Afin d'obtenir plus de franchise encore dans ses confessions, j'avais demandé au magistrat sa mise en liberté provisoire : aucune charge sérieuse ne s'élevait contre elle, et j'obtins aisément ce que je demandais ; mais sortie de prison sous ma caution, cette femme est restée seulement quelques jours chez moi. Sans cesse obsédée de la crainte de passer en jugement, à cause du crime de la Maison-Romaine, elle a trompé ma surveillance et s'est enfuie...

— En vérité, monsieur, répliqua Valentin d'un ton sec et ironique, vous n'êtes pas heureux dans la garde des prisonniers qui pourraient éclaircir cette sombre histoire !

Montès sentit le coup, car ses yeux brillèrent de fureur.

— Paix ! mon neveu ! pas d'emportement ! s'écria le vieux prêtre avec un accent d'autorité. Les explications de M. de Villaréal méritent un examen sérieux... Quant à moi, je ne m'en cache pas, je trouve cet enlèvement de l'enfant par une gitana de la bande de Biroben, beaucoup plus probable que les suppositions étranges auxquelles a donné lieu la fille du Montcalm...

— Comment, mon oncle, sur le seul témoignage d'une bohémienne, vous seriez disposé à admettre...

— Ne rejetez rien légèrement, jeune homme ; la vérité ne se manifeste pas toujours par des éclairs vifs, éblouissants, car alors elle frapperait aisément ; on la reconnaît le plus souvent à des signes qui, pour être moins brillants, n'en sont pas moins visibles, certains, indubitables.... Patience, elle ne tardera pas à se trahir!

— Je suis heureux, monsieur le curé, dit Montès avec amertume, que votre jugement sain et droit condamne les outrageants soupçons dont je parais être l'objet de la part de M. Norbert... Je n'attendais pas de lui de pareils procédés, après les protestations d'amitié que nous échangeâmes sur le Montcalm... mais, ajouta-t-il finement et en clignant des yeux d'une manière significative, je commence à m'expliquer son zèle pour les intérêts de la fille sauvage, et je ne m'étonne plus de son ardeur à la défendre !

Valentin n'osa pas répondre.

— Laissons mon neveu, dit le curé gravement, et revenons, s'il vous plaît, à une affaire qu'en ma qualité d'ancien ami des Villaréal, je voudrais voir se terminer suivant la justice... En l'absence de cette femme, de cette bohémienne, dont les révélations ont tant d'importance, ne pourrais-je du moins interroger les souvenirs personnels de mademoiselle ?...

— Elle vous dira bien peu de choses, répondit Montès en se retournant vers sa compagne, qui, pendant cette conversation, était restée à l'écart, inattentive, indifférente et comme ennuyée ; cependant questionnez-là... vous lui trouverez encore, comme je vous le disais, sa rudesse primitive ; l'éducation n'a pas eu le temps de modifier cette nature inculte, mais ces défauts mêmes vous garantissent la franchise de ses paroles.

— Je n'ai pas l'intention de l'intimider, reprit le curé qui attacha sur elle un regard bienveillant ; je lui demanderai seulement si elle croit être en effet Antonia de Villaréal ?

Il fallut que Montès répétât la question, car l'étrange et indocile enfant ne l'avait pas écoutée.

— On me l'a dit, on le veut, je le crois ! répondit-elle d'un ton insouciant.

— Quoi, ma fille, n'avez-vous aucun souvenir de votre enfance ? Avez-vous oublié complètement où se sont passées vos premières années ?

La gitana fronça le sourcil et tourna le dos sans répondre. Montès confus lui adressa quelques mots à voix basse.

— Je m'ennuie, je veux sortir, répliqua la jeune fille en regardant tour à tour la porte et la fenêtre.

Montès redoubla d'instances et parut faire de brillantes promesses à l'intraitable créature, pour la décider à se montrer plus docile. Elle se radoucit un peu.

— *Diavolo!* finissons vite alors! reprit-elle; le temps est beau, je veux aller voir le monde sur la grande place.

Et elle se rassit d'un air mutin.

Montès répéta la question de l'abbé Norbert.

— Quand j'étais toute petite, dit la jeune fille avec volubilité, nous ne nous arrêtions longtemps nulle part .. La Saltarella me faisait chanter et danser dans les villages où nous passions. J'avais une résille d'or et une robe blanche avec des paillettes, une robe bien plus belle que celle-ci... Les pratiques me trouvaient gentille; elles donnaient des sous et des maravédis à la Saltarella.

— Mais avant cette époque, ne vous rappelez-vous pas d'avoir habité une grande maison, où il y avait une jolie dame et un beau monsieur qui vous comblaient de caresses; puis des petits garçons vifs et espiègles dont vous étiez la sœur?

— Non.

— Cherchez bien... une nuit ne se fit-il pas un bruit épouvantable dans la maison autour de vous? On poussait des cris déchirants ; vous eûtes peur et vous vous sauvâtes dans la campagne...

— Je n'ai jamais eu peur.

— Au moins vous souvenez-vous... Regardez-moi, mon enfant; regardez aussi mon neveu ; pensez-vous nous avoir déjà vus l'un et l'autre?

— Bah! je n'en sais rien.

— J'ai un peu changé depuis cette époque, reprit l'abbé d'un ton caressant ; je n'avais pas encore cette couronne de cheveux blancs et ces rides dont mon visage est sillonné. Valentin, devenu homme aujourd'hui, était alors un jeune garçon, et il vous chantait de belles chansons basques qui vous plaisaient fort.

— Je n'ai jamais aimé les petits garçons et les robes noires... Les robes noires empêchaient les pratiques de venir me voir danser et de donner de l'argent à la Saltarella. Les petits garçons me jetaient des pierres quand je traversais les villages, et moi je les menaçais de mon couteau.

Le bon prêtre leva les yeux au ciel en écoutant ces détails exposés avec une naïveté orgueilleuse.

— Eh bien ! mon oncle, dit Valentin à demi voix, êtes-vous enfin convaincu ?

Cette jeune fille, dans sa grossière indépendance, n'a pu dissimuler la vérité.

— Un moment, messieurs, reprit Montès avec empressement; est-il surprenant qu'Antonia, à la suite de la terrible catastrophe qui l'a privée de sa famille, ait oublié les événements de sa première jeunesse? Vous le disiez vous-même, monsieur Norbert, quand il s'agissait de la fille sauvage, ce défaut de mémoire doit être une conséquence de la grande terreur éprouvée par une enfant si jeune... Mais demandez à Antonia si bien des fois sa mère d'adoption ne lui a pas dit qu'elle était née pour la fortune, pour une haute position?...

— Pourquoi demander ce que vous savez déjà ? fit brusquement la jeune fille.

Elle se leva et s'avança de nouveau vers la fenêtre d'un air morose ; Montès eut quelque peine à la ramener à sa place.

— Ainsi donc, mademoiselle, reprit le curé avec ménagement, vous n'avez jamais connu ni père ni mère ?

— Je croyais que la Saltarella était ma mère.

— Et vous l'aimiez?

— Je ne sais pas... Cependant, elle me donnait souvent de belles robes, quand je lui faisais gagner beaucoup d'argent, et je n'aurais pas voulu la quitter ; mais *celui-ci* (et elle désignait Montès) lui a parlé d'une grosse voix et elle est partie.

— Et elle ne vous a jamais rien dit de votre père ?

— Mon père ? je ne le connaissais pas et je ne m'en souciais guère !

Une profonde affliction se refléta sur les traits de l'abbé Norbert.

— Malheureuse enfant ! reprit-il, vous ignorez les plus pures et les plus douces jouissances de l'humanité... Au moins vous a-t-on parlé de Dieu ?

— Dieu ! répéta la jeune fille avec un

sourire railleur ; les béguines de la grande ville là-bas ont voulu me faire peur de lui; mais je ne crains rien. Quand nous voyagions, la Saltarella me montrait quelquefois les niches des madones et des saints ; puis elle m'ordonnait de faire le signe de la croix ; mais elle ne pouvait m'expliquer ce que cela signifiait, et je me moquais d'elle.

— Les sentiments de la religion et de la nature lui sont également étrangers ! dit le prêtre avec une sorte de désespoir ; mon Dieu ! une créature à votre image pouvait-elle tomber dans un pareil abaissement ?

— Et ce serait là, mon oncle, dit Valentin à demi voix, cette pieuse enfant que nous voyions souvent le soir, à genoux et ses deux petites mains jointes, adresser une prière au grand christ d'ivoire de la Maison-Romaine !

Montès étudiait toujours avec inquiétude les diverses impressions de l'oncle et du neveu.

—Messieurs, reprit-il, j'éprouve comme vous une profonde douleur de l'état où vous trouvez ma nièce... Cependant cette affligeante dégradation ne prouve rien contre ses droits légitimes. On peut la plaindre, mais il ne me semble pas permis de la repousser.

— Elle est digne de pitié, monsieur, dit le curé, et il y aurait cruauté à ne pas s'efforcer d'éclairer cette jeune âme plongée dans des ténèbres si affreuses ; je serais heureux, à défaut d'un plus digne, de travailler à cette œuvre de charité.

— Oui, oui, je vous la confierai avec plaisir, s'écria Montès avec empressement ; où trouver un homme de plus haute raison et de plus de zèle religieux ?... Ainsi donc, monsieur l'abbé, vous avez reconnu dans cette jeune fille Antonia de Villaréal ?

— Je n'oserais affirmer qu'elle ne l'est pas, mais bien des raisons m'empêcheraient d'affirmer qu'elle l'est... Pour elle, comme pour la pauvre sauvage, j'attendrai que Dieu veuille bien manifester plus nettement la vérité.

— Ainsi, demanda Montès, vivement contrarié, ni vous ni monsieur Valentin, vous ne consentiriez à signer un acte de notoriété que j'avais fait dresser dans la prévision d'un autre résultat de cette entrevue ?

Valentin regarda fixement son oncle. Celui-ci reprit d'un ton posé :

— Expliquez-vous, monsieur ; je ne comprends pas parfaitement votre prétention.

— C'est une chose fort simple, monsieur l'abbé... Je ne doute nullement que la jeune fille ici présente ne soit bien la fille et l'héritière de mon frère Fernand... Cependant mon opinion personnelle ne suffit pas pour lui assurer les avantages de rang et de fortune qui lui appartiennent; il faut qu'elle soit reconnue légalement et par un acte public; pour cela deux personnes honorables, ayant eu jadis des relations étroites avec sa famille, doivent signer une déclaration authentique, une sorte de certificat d'identité. De tous ceux qui ont fréquenté autrefois la Maison-Romaine, vous et monsieur Valentin, vous êtes les seuls dont le témoignage puisse être d'un grand poids. J'avais donc espéré que vous ne vous refuseriez pas à cette formalité...

L'ecclésiastique gardait le silence.

— Que ferons-nous, mon oncle? demanda Valentin.

— Décidément c'est impossible, reprit le prêtre avec fermeté; votre insistance est respectable, monsieur de Villaréal, d'autant plus qu'elle paraît désintéressée. Mais les faits ne m'étant pas démontrés suffisamment, je n'engagerai pas ma conscience...

— C'est cela, c'est cela, mon oncle! s'écria le jeune homme chaleureusement, et dites encore à M. de Villaréal qu'on le trompe, s'il ne croit pas se tromper lui-même ; dites-lui qu'Antonia de Villaréal n'est pas celle qu'il suppose, que la véritable Antonia...

— Toujours la même histoire ! interrompit Montès en haussant les épaules avec dépit ; j'avais déjà remarqué combien M. Valentin Norbert était inflexible dans ses opinions... Mais j'attache une telle importance à la formalité dont je vous ai parlé, que je ne me tiendrai pas pour battu par un premier refus. Je souffre dans mon affection de parent, dans mon amour-propre de tuteur, de ne pouvoir donner officiellement à ma nièce le nom de son père, une position dans le monde, et je voudrais à tout prix faire cesser un état de choses si pénible pour elle et pour moi.

— Voilà, monsieur, dit Valentin avec mélancolie, les sentiments que devrait vous inspirer une autre personne plus malheureuse encore !

— Son sort ne m'a trouvé ni froid ni indifférent, reprit Montès, mais ma parente avait droit d'abord à ma tendresse, à ma protection... Eh bien, quoique cette jeune fille soit pour moi une étrangère, ajouta-t-il avec un accent de cordialité, j'aurai pitié d'elle si, à votre tour, vous prenez pitié de ma chère Antonia. Consentez à signer l'acte de notoriété, et Antonia constituera sur la tête de la jeune sauvage une rente suffisante pour la mettre à l'abri du besoin.

Le vieux prêtre se redressa avec fierté.

— Un marché! dit-il sèchement.

— Monsieur, s'écria Valentin rouge d'indignation, tant que Dieu voudra bien bénir mon travail, celle que vous repoussez n'aura pas besoin de recourir à la pitié publique ou à la vôtre; j'acquitterai ma dette envers son généreux père!

Montès sentit qu'il était allé trop vite et trop loin.

— Je suis fâché d'avoir pu vous blesser l'un et l'autre, reprit-il d'un ton presque suppliant ; mais jugez combien ma situation est affreuse... Voici ma nièce Antonia, la fille de mon frère, le dernier rejeton de ma famille, et il ne m'est pas permis de l'avouer hautement, d'agir pour elle, de faire valoir sur elle mon autorité ! Suis-je donc impardonnable de tenter tous les moyens pour sortir de ces inextricables difficultés ?

Il y eut un moment de silence ; l'abbé Norbert était pensif, Valentin violemment agité. La jeune fille jouait avec les longues tresses de ses cheveux et regardait en bâillant dans la cour de l'auberge.

— Monsieur, dit enfin l'ingénieur, il reste une épreuve à tenter. Nous venons de voir, de questionner votre jeune compagne ; consentez aussi à voir et à questionner notre protégée. Cet examen fait, nous discuterons ensemble les circonstances encore mystérieuses, nous dissiperons les incertitudes ; et, je vous le jure, monsieur, si alors il vous reste des doutes sur l'identité de la fille sauvage avec Antonia, si moi-même je reconnais la possibilité d'une erreur de ma part, je n'hésiterai pas à vous satisfaire et à vous signer tous les actes que vous exigerez.

Cette proposition si naturelle parut contrarier Montès.

— A quoi bon? répliqua-t-il avec impatience.

— Mon neveu a raison, dit l'abbé Norbert; vous ne connaissez encore qu'une partie de ce difficile problème, il faut connaître l'autre moitié avant d'en chercher la solution... Allons au couvent de Sainte-Marie, et puisse la pauvre fille sauvage se montrer plus communicative qu'elle ne l'a été jusqu'ici!... Il lui suffirait d'une parole peut-être pour terminer nos irrésolutions, et cette parole, espérons que Dieu la lui mettra enfin dans la bouche! Dans tous les cas, par respect de vous-même, pour la satisfaction de votre conscience, vous devez faire encore cette tentative.

— Votre affectation à refuser de voir cette jeune fille, ajouta Valentin d'un ton ironique, pourrait à la fin donner d'étranges idées.

Montès tressaillit.

— Il suffit, messieurs, reprit-il avec assurance, je vais vous suivre au couvent; mais je déclare d'avance...

— Pas de préventions, pas de partis pris! Monsieur de Villaréal, vous déciderez quand vous aurez entendu.

— C'est juste, répondit Montès avec un léger sourire, je suis donc à vos ordres, messieurs... Si j'ai hésité, c'est que je craignais de laisser seule dans une auberge cette jeune fille, dont l'humeur indocile me cause bien des ennuis. Elle apprécie fort peu, je vous assure, l'honneur d'appartenir à une riche et noble famille ; c'est une petite lionne farouche qui met ma vigilance aux abois. Je vais prendre quelques précautions pour qu'elle ne s'échappe pas pendant notre absence ; je reviens à l'instant.

Il dit quelques mots à l'élève de la bohémienne et l'entraîna avec lui. Un moment après, les deux Norbert entendirent des trépignements, des cris aigus, de sourdes imprécations dans une chambre voisine. Quant Montès reparut, il était rouge et essoufflé.

— Elle ne voulait pas se laisser enfermer, dit-il en s'efforçant de sourire, et sa résistance a été longue. Elle a été jusqu'à me menacer de son couteau... Enfin, elle s'est résignée. Je l'ai confiée à la garde de l'aubergiste, qui viendra me prévenir si la donzelle a quelque nouveau caprice... Partons donc et ne perdons pas de temps... Nous serons fort heureux si elle nous laisse une heure de répit! Ah! messieurs, mon rôle de tuteur ne sera pas facile, et le dévoûment à mon propre sang peut seul me le faire accepter!

Tout en parlant, il s'était préparé à sortir. Au moment de franchir le seuil de la porte, il s'arrêta encore.

— J'y pense, messieurs, reprit-il comme frappé d'une idée, ne serait-il pas possible que la pensionnaire du couvent de Sainte-Marie refusât de s'expliquer devant moi ?... Elle ne me connaît pas, et si vous me présentiez à elle comme intéressé dans ses aveux...

— Où voulez-vous en venir, capitaine ?

— A ceci, que peut-être il serait sage à moi de ne pas me laisser voir d'abord à votre amie... Je me tiendrais caché, à portée de l'entendre, pendant que vous l'interrogeriez... de la sorte elle ne serait pas intimidée par la présence d'un inconnu et elle parlerait peut-être avec plus de chise.

Cette proposition, exprimée pourtant d'un air tout naturel, excita la défiance de l'abbé Norbert.

— Je ne sais, répondit-il, s'il sera possible de satisfaire votre désir, mais cet excès de précaution me semble au moins inutile.

— Eh! qu'importe, mon oncle, interrompit Valentin impétueusement; acceptez toutes les bizarreries de M. de Villaréal, pourvu qu'il nous suive... Qu'il consente seulement à voir, à entendre Antonia, et Dieu fera le reste!

Le prêtre leva les yeux au ciel comme pour lui offrir ce vœu enthousiaste, puis les trois hommes se rendirent au couvent.

## VII

### Souvenirs.

Le couvent de Sainte-Marie était un vieux bâtiment, aujourd'hui détruit, qui s'élevait au bord de l'eau, non loin du confluent de la Large et de l'Ariége. Ses beaux jardins formaient une terrasse plantée d'arbres, dans une situation délicieuse ; on n'eût pu trouver d'asile plus convenable à la pauvre créature dont la jeunesse s'était passée dans les bois et pour qui l'air, la lumière, un horizon étendu, étaient les premiers besoins.

Les visiteurs furent reçus au parloir par la supérieure elle-même, jolie femme fraîche, encore jeune, à figure souriante et qui paraissait résumer dans sa personne toutes les grâces mondaines de la communauté. A trois pas en arrière, se tenait une sœur converse, espèce d'aide de camp en guimpe blanche et en robe de bure, au visage jaune, parcheminé, dont l'œil de rat était toujours hypocritement baissé vers la terre. Peut-être n'était-ce pas le hasard qui avait présidé au choix de cette laide et maussade créature pour assister la vive et accorte supérieure! Quoi qu'il en fut, le contraste était des plus frappants et tout à l'avantage de cette dernière. Sa mine avenante, son air affable, ressortaient mieux à côté de sa sombre compagne, qui, immobile, la taille voûtée, les deux mains cachées dans ses vastes manches, égrenait en silence un volumineux chapelet muni de médailles et de petites têtes de mort en ivoire.

. . . . . . . . . . . . . . . . . . . . . . . . . . . . . . . . . . . . . . . . . . . . . . . .

La supérieure salua gracieusement les étrangers et sourit pour leur montrer une rangée de dents blanches et bien alignées, tandis que son acolyte s'inclinait fort bas sans prononcer une parole. Après les premiers compliments, le prêtre s'empressa de demander des nouvelles de la jeune pensionnaire.

— Sa santé n'est pas absolument mauvaise, monsieur le curé, répondit la religieuse d'un petit ton délibéré, mais que nous avons besoin de patience ! Il faut tout apprendre à cette chère enfant, à se mouvoir, à se tenir, à parler. Croiriez-vous que j'ai passé trois jours à lui montrer à faire une révérence décente ?... Trois jours, monsieur le curé ! Demandez à sœur Ursule.

Et elle désigna l'autre religieuse, qui s'inclina de nouveau avec humilité.

— Plus vous aurez de peine, plus votre

œuvre sera méritoire, dit le curé avec douceur; continuez votre tâche, mes sœurs; votre élève mérite tous vos soins, toute votre affection.

— C'est bien vrai, monsieur le curé; elle est docile, reconnaissante des leçons qu'elle reçoit... Mais, sainte mère de Dieu! si vous entendiez quelles singulières questions elle nous adresse parfois! De toute autre personne, nous serions scandalisées... Il n'y a que sœur Ursule, une sainte femme et une femme d'experience, qui sache lui répondre d'une manière convenable.

La modestie d'Ursule se manifesta par

une troisième révérence et un grognement inintelligible.

— Cependant, reprit l'abbé Norbert, vous n'avez pas oublié, j'imagine, de donner à votre élève une idée du monde, et sans doute, malgré son innocente naïveté, elle pourra soutenir une conversation sur sa position présente ?

— En vérité, je ne sais, monsieur le curé ; il y a des choses si difficiles à expliquer !... Du reste, sœur Ursule est chargée particulièrement de la surveiller ainsi que nos autres pensionnaires, et elle pourra vous renseigner.

Le curé et les autres assistants se tournèrent vers cette sœur converse, dont le nom revenait sans cesse dans les discours de madame la supérieure.

Ursule, disons-le tout d'abord, était la puissance occulte et pourtant absolue du couvent de Sainte-Marie. Quoique de basse origine, sans instruction et occupant hiérarchiquement un poste très inférieur dans la communauté, elle avait su, grâce à une certaine souplesse d'esprit, à une grande affectation d'austérité, étendre son influence sur toute la maison. Les autres religieuses la redoutaient en la méprisant, et elle était devenue le bras droit de la supérieure, dont elle avait d'abord flatté les faiblesses. Quant aux peti-

sionnaires, elles voyaient en elle une espionne vigilante, toujours impitoyable pour leurs espiègleries; aussi la haïssaient-elles autant que des jeunes filles rieuses et frivoles peuvent haïr.

Sœur Ursule, contente de l'autorité qu'elle exerçait, n'éprouvait pas le besoin d'en faire parade. En cette circonstance elle eût désiré peut-être rester dans l'ombre, non par humilité réelle, mais comme le hibou, par haine de la lumière. Cependant, ainsi interpellée directement, elle s'avança un peu et annonça d'un ton béat, avec force soupirs et force regards levés au ciel, que mademoiselle Marie (on n'a pas oublié que tel était le nouveau nom de la fille sauvage) était mieux instruite de la religion et de la morale que des intérêts terrestres ; que cependant elle, Ursule, ne voyait aucun inconvénient à ce qu'on interrogeât cette pensionnaire, en prenant certains ménagements.

— Eh bien donc, mon oncle, interrompit Valentin impatienté du bavardage des nonnes, hâtons-nous... vous savez que les instants de M. de Villaréal sont comptés... Ma sœur, continua-t-il en se tournant vers Ursule, pouvez-vous m'indiquer où se trouve en ce moment mademoiselle Marie ?

— Dans le jardin, monsieur.

Valentin voulut entraîner ses compagnons ; mais le curé le retint et exposa aux religieuses l'intention de Montès d'assister, sans être vu, à l'entretien qui allait avoir lieu.

La supérieure sourit.

— Rien n'est plus facile, répondit-elle, et monsieur a raison... La jeune Marie est si timide encore, si farouche, malgré nos représentations, que la présence d'un étranger la fait fuir, ou la trouble à l'excès... Mais il y a un moyen de ne pas l'effrayer, et sœur Ursule vous enseignera ce moyen.

Sœur Ursule expliqua en effet aux visiteurs qu'au fond du jardin existait un petit pavillon, auquel on arrivait de la maison par une tonnelle de vigne. De là il était facile de voir et d'entendre tout ce qui se passait sur la terrasse, dont il formait un angle, au bord de la rivière. La béate en profitait souvent pour épier à leur insu les pensionnaires, pendant les recréations. Elle proposa à Montès de l'y conduire, pendant que l'abbé et Valentin iraient rejoindre Marie et l'emmèneraient sans affectation vers le pavillon.

En toute autre occasion, Norbert et son oncle se fussent fait scrupule de tendre ainsi un piège à leur protégée; mais il s'agissait de ses plus chers intérêts, et ils n'hésitèrent pas.

Montès s'était empressé d'accepter la proposition d'Ursule.

— Venez donc! s'écria le jeune homme avec impatience.

Et sans s'inquiéter si on le suivait, il s'élança hors du parloir. Comme il connaissait les êtres de la maison, il gagna facilement les jardins, pendant que l'abbé demandait aux religieuses quelques derniers renseignements.

Ces jardins étaient vastes, bien tenus, ornés de fleurs et d'arbres magnifiques. Çà et là des croix, des madones, de petites chapelles rappelaient encore le couvent dont elles étaient les dépendances.

Quelques joyeuses pensionnaires, sous la surveillance d'une religieuse, se promenaient en babillant dans les allées droites, ombreuses, sablées avec le gravier aurifère de la rivière voisine. Mais Valentin n'accorda aucune attention aux jolies promeneuses ; il avait entrevu au loin sur une terrasse, plantée de tilleuls, une forme blanche et svelte ; en un instant il fut près d'elle.

C'était en effet la jeune fille du Montcalm.

Appuyée contre un arbre, au pied même du pavillon dont nous connaissons la destination perfide, elle rêvait tristement. Un vaste paysage s'étendait devant elle. Au-dessus de sa tête, à travers les grands ormes qui formaient des massifs de feuillage, elle apercevait le château de Foix bâti sur un rocher à pic, la grande tour semblait se perdre dans l'azur de ce ciel méridional. A ses pieds coulaient les eaux limpides et fougueuses de la rivière, dont les rives étaient couvertes de masures pittoresques, de parcs verdoyants. Au-delà s'élevaient les hautes falaises qui dominent la ville, et par-dessus les falaises, dans un bleuâtre lointain, se dressaient, comme une barrière éblouissante, les crêtes neigeuses de ces montagnes que la jeune sauvage avait habitées si longtemps.

Or, c'était vers ces montagnes lointaines que son regard se tournait le plus fréquemment. Etaient-ce des souvenirs heureux ou sombres qui se représentaient à sa mémoire pendant cette contemplation? Revenait-elle avec douceur ou avec amertume vers son cruel passé?... Deux larmes silencieuses coulaient lentement sur ses joues.

Mais Valentin Norbert fut frappé d'abord du changement opéré dans cette malheureuse enfant depuis dix-huit mois à peine. Le hâle qui couvrait autrefois son visage et ses mains avait complètement disparu. Son teint blanc offrait toute la délicatesse, ses traits réguliers toute la finesse des femmes élevées dans les villes, à l'abri de l'intempérie des saisons. Elle était même si pâle, si amaigrie, qu'on pouvait, avec quelque raison, craindre pour elle une maladie de langueur. Son œil avait conservé sa vivacité, mais il avait perdu son expression hagarde. Un caractère de douceur mélancolique avait remplacé sa mâle fierté. Elle était toujours belle; mais entre sa beauté d'autrefois et sa beauté actuelle il y avait la différence de la fleur sauvage, née au bord des précipices, malgré les vents et la tempête, à la fleur exotique ouvrant timidement sa corolle dans l'atmosphère parfumée d'une serre chaude.

Sa mise simple et modeste avait une légère excentricité qui seule eût rappelé combien avait été anormale l'existence de cette pauvre petite. Une robe de laine blanche était serrée à la taille par un ruban ; cette taille elle-même, droite et souple, semblait frêle à force d'élégance. Une croix d'argent, suspendue à un cordon noir, retombait sur sa poitrine. Ses cheveux, dont elle se faisait naguère un chaste manteau, se lissaient en bandeaux sur son front pur et formaient au sommet de sa tête une luxuriante couronne. Sous ce costume, qui était à peu près celui des autres pensionnaires du couvent, elle avait une grâce timide et vraiment touchante.

Valentin la contempla pendant quelques

www.ingramcontent.com/pod-product-compliance
Lightning Source LLC
LaVergne TN
LVHW020620110826
845149LV00002B/541

* 9 7 8 2 0 1 2 1 5 2 3 5 9 *